Артём Перлик

САГА О ДРЕВНЕЙ НАДЕЖДЕ

ORTHODOX LOGOS PUBLISHING

САГА О ДРЕВНЕЙ НАДЕЖДЕ

Артём Перлик

© 2025, Orthodox Logos Publishing, The Netherlands

www.orthodoxlogos.com

ISBN: 978-1-80484-248-5

This book is in copyright. No part of this publication may be reproduced, stored in a retrieval system or transmitted in any form or by any means without the prior permission in writing of the publisher, nor be otherwise circulated in any form of binding or cover other than that in which it is published without a similar condition, including this condition, being imposed on the subsequent purchaser.

Артём Перлик

САГА О ДРЕВНЕЙ НАДЕЖДЕ

ORTHODOX LOGOS PUBLISHING

СОДЕРЖАНИЕ

Предначальное 8
Первая Эпоха 11
Вторая Эпоха 14
Народы 15
Из Песни об Элиан 17
Сет и Марраги 19
Изумрудный Орм 21
История Изумрудного Орма 23
О том, что Было до Луны и Солнца 25
О Эвэльтэльма Оссивэн 29
О Предначальном 31
О Именах и Названиях 33
Сага о Древней Надежде и Хроника Отряда Надежды
Составленные Книжником Элиасом Леттеранским
после всего, что произошло с ними 37
Мираэлы 37
Леттеран 44
Толкарра 51
Лес Василисков 70
Драконья Гора 105
Дорожные приключения 117
Война в Толкарре 127
Эрайа Зармарец 135
Орвилия 145

Конец и начало 162

Приложение о Мираэлах составленное
Элиасом Леттеранским 176

Приложение о Лордах Леса Написанное
Элиасом Леттеранским совместно с Эльвиавин
и Эльвилиоль 180

Приложения о Стеларах составленное
Книжником Элиасом Леттернским 183

Родословие Альварелов
и Миралайн 185

Miraja (Язык Мирайа) 188

Словарь 192

Miraja Forostelion (Мирайа. Диалект
Лордов Леса. Форостэлион) 197

Карта Тёмного Пути 198

Карта Мира 199

Эта книга – сказка, но сказка о нашем мире. Сказка, несущая веру, что свет существует в независимости от наших желаний и интересов. Что мир светел и добр, не смотря ни на что. А подлинные ценности не всегда и не везде в чести, но от этого ни капли не умаляется их значение. Что чьё-то неверие в свет не означает отсутствия света во вселенной. Что есть те, кто стерегут стены мира, люди обычно не знают о них, но ради них и причастия через них Подлинному Свету и существует мироздание. А настоящая любовь прекраснее и больше того, что обычно называют любовью, не зная о великой любви. Что хороший конец в сказке есть отблеск Евангельского хорошего конца для всего добра в нашем «большом» мире.

ПРЕДНАЧАЛЬНОЕ

В начале был Сайлор и всё было им и он был всем и не было силы, истоком которой не служил бы его пламень соединяющий Предвечные Дары Рождения, зовущиеся в мире людей и зармарцев Верой, Надеждой и Любовью. Он зажёг души старших детей своих Арринов, и дивились они величью предвечного пламени, из которого вышли. Всего их семь: Ниэла, Ритчард и Сет, Сандор и Странник, Лив и Ливстрасир. Радовался Сайлор душам Арринов, а они внимали его речам и прозревали сущность творения, до времени сокрытую от них и многое ещё постигали они. И в срок явились они к Сайлору и просили раскрыть их назначение, а настойчивее всех просил Сет, ибо несправедливо ему казалось утаивание чего-то от детей. Ибо он думал, что Сайлор утаивает что-то от них, в то время как Сайлор желал постепенно раскрывать им таинство жизни и бытия.

И Сайлор согласился, предложив, прежде, каждому из Арринов представить то, чего нет. И удивились Аррины, впервые узнавшие, что можно представлять. И они представляли, но силу своему представлению обретали только в мысли и представлении Сайлора, и когда их помышления совпадали или звучали сходно с его мыслями, радовались они, ибо тогда их мысль возносилась в великой красоте и силе. Только Сет не радовался этому, но хотел возвысить свой помысел и не соединять его с думами Сайлора.

– Знайте же, – сказал им Сайлор, – все вы, бывшие некогда мною, видели то, что дано увидеть вам одним. Всё это, что должно быть и будет, видели вы, и я – Сайлор говорю всему – БУДЬ!

...и в тот же миг узрели Аррины, как восставали к жизни видения ими рожденные!

Так зародилась Вселенная...

– Знайте дальше, – продолжал Сайлор, – из бесчётных миров, зажжённых вами я выбираю один, куда в срок, назначенный мною прейдут подобные вам, но иные, они – мои избранники. Предвечные Дары Рождения зажгут в них две силы: пламень творящий и созидающий. Пламень созидающий будет хранить собой светлую силу жизни, и позволит творить пламени творящему. А силой творящего пламени можно будет изменить мир подобно тому, как зажгли вы его сейчас.

И улыбнулась Ниэла этим словам Сайлора, ибо таковы были и её помыслы относительно всего сотворённого.

– Но они придут туда, – продолжал Сайлор, – слабыми и бессильными, каждому предстоит найти и зажечь свой пламень, и с великим трудом им будет удаваться это. Этот мир их, но вы – идите и помогите дивным братьям своим и помните – им как и вам доверяю я Тайну Творения.

– Владыка, – заговорил Сет, – пусть только для нас будет вся твоя тайна. Дай нам власть Творения, великую, подобную той, которой мы зажгли мир.

– Не зови это властью, неразумный, – отвечал Сайлор – И ещё, пусть то, чем были вы в видениях своих станет вами!

...И каждый Аррин принял тот облик, которому он соответствовал. Так Ниэла стала прекрасной девушкой несущей в мир ненапрасность всякого ожидания, Ритчард воплотил собой силу защитника несправедливо обиженных, Сет встал у истоков зримого глазом света и тени,

Сандор обратил душу свою в сомнение и познанье, всегда идущие рука об руку, Странник сделался птицей, несущейся в неведомое, а Лив и Ливтрассир стали приводить в мир живых обитателей: птиц, зверей, рыб и всё что растёт под солнцем.

ПЕРВАЯ ЭПОХА

Начало её ведётся от прихода в мир людей, Аррины же пришли туда задолго до них, готовя землю к приходу младших детей Сайлора, но и с появлением первых людей работа закончена не была, Аррины тогда принимали облик людей и неузнанными ходили среди них. Много чудесного было сделано в те дни Арринами, они зажигали северные сияния и поднимали острова из воды, растили леса и вздымали холмы. Лив и Ливтрассир творили существ из плоти и крови – зверя, рыбу и птицу. Сандор обучал людей ремёслам, а Ритчард охоте. Странник строил с ними первые корабли и приручал лошадей. И только Сет не помогал прочим Арринам, ни в чём не видел он цели, всё сущее казалось ему бессмысленным и напрасным, а ещё желал он проникнуть в тайну пламени Предвечных Даров, хотя до времени никому об этом не говорил. А люди развивались и множились, но столь редко зажигался в их душах дарованный пламень созидания и творения, что многие Аррины усомнились в их избранности.

И тогда явился к Арринам Сет и хитрыми речами усилил сомнения. Он говорил: «Мы сильнее их всех, этот мир наш, разве не так сказал Сайлор, так сделаем же его истинно нашим, что Сайлору до нашей Вселенной, что ему до нас, разрушив созданное, мы узнаем все тайны и зажжём своё!» – так говорил он, тайно завидуя красоте мира, созданного Сайлором и благословенного Арринами.

И поколебались все Аррины кроме Ниэлы, верящей в ненапрасность – она воззвала к Сайлору и тот остановил разрушение, задуманное Сетом, и запретил усомнившимся Арринам являться людям, только Ниэла могла это делать и впредь. Отныне только к душам людским остались у них ключи, и отныне никто из Арринов не ступал по Земле и не вмешивался в судьбы мира, кроме Ритчарда и Ниэлы, но об этом разговор впереди.

Свет, у истоков которого был Сет, освободился из-под власти любых сил и остался в мире таким, а Сету остались тень и мрак. Таков был первый приход Сайлора на Землю, а второй будет в конце времён, и знали об этом Аррины, и знал Сет, таящий великую зависть ко всему, чего лишился. Все его создания, отныне, были рождены мраком, а светом он никогда не творил. И задумал он уничтожить людей названных избранными, назначения которых Сет не понимал. Он создал свой народ и нарёк его – Лавад Ши или, на всеобщем языке, танцующие в тумане. Он наделил их свирепостью льва, кожей бизона, ростом слона и силой гориллы. По воле Сета на мир пал Туман, а Лавад Ши могли развоплощаться в этом тумане и мгновенно переноситься за спину врага. Страшные битвы загремели в мире, и люди гибли в множестве, тщетно пытаясь противопоставить стремительным и страшным Лавад Ши своё оружие. И, может быть, люди погибли бы все, но не такова была судьба Творения. Ниэла отдала свою силу Ритчарду, став при этом одной из смертных, да и Ритчард мог воплотиться в мире лишь единожды. Он принёс свой посох защитника, водрузил его на самой высокой вершине мира, объявив, что стоять ему тут до последнего дня, а до тех пор никто не сможет уничтожить людей. Сказал так и развоплотился, а вскоре рукой смертного убита была ставшая смертной Ниэла, так Сет стал последним Аррином, оставшимся в мире.

Несмотря на то, что люди научились сражаться с Лавад Ши, то, что задумал Сет о мире, было ещё ужасней. Немногое теперь рассеивает тьму, но сила и вера сердец человеческих такова, что воззвав к Арринам, они могут призвать их, и Аррины помогут людям, вот только редко люди вспоминают о них.

А Сет, мудрость которого увеличилась, посеял искажение в душах некоторых людей и расселил их на западе мира. Народ этот, во всем подобный людям, кроме одного – Сет всеми силами оберегал их души от того, чтобы в них зародился пламень любви и творения. С приходом этого народа, зовущего себя Зармарцами, заканчивается день и вечер первой эпохи и начинается время тьмы – Вторая эпоха.

ВТОРАЯ ЭПОХА

Пока люди, обессиленные и почти отброшенные в варварство после войны с Лавад Ши боролись с годами голода, никто и ничто не мешало зармарцам развиваться и заселять новые земли. Путь, на который люди потратили тысячелетия, зармарцы прошли за столетия – во всем народе Зармара руководил разум. Они – великие воины, учёные и маги. Все они – искусные ремесленники, и товары Зармара славятся в мире как лучшее, что можно сделать руками. Из пепла возрождались города и дивились люди богатству Зармара, его шелкам и самоцветам, его искусникам и наукам. И видя, желали жить также и достичь подобного изобилия, и всякий, в ком просыпалось подобное желание, стремился во всем подражать зармарцам. И, так, незаметно лишался возможности любить. А посох Ритчарда по прежнему сиял на вершине Мира, защищающий род людской от смерти, но бессильный перед новым врагом. И радовался Сет, ибо так и задумал он в дни предначальные, когда все семь Арринов зримые ступали по Земле.

НАРОДЫ

Мираэлы – в первую эпоху, на западе Мира жил великий народ – перворождённые, от которых пошли все другие племена и народы. Они – первые обитатели мира и наследники несчётных веков, песен и сказаний многих поколений. Их язык – древний высокий язык на котором говорят и Аррины, язык этот поздние поколения назовут мирайей. Их музыка – музыка первых дней творения, им памятны и сами Аррины, художники перворождённых людей воплотили их на холстах, и много удивительных тайн, ныне забытых, открыто перворождёнными Арринами. Они встречали закат Первой эпохи и предвидели время тьмы. И, страшась гибели пламени, без веры веря в рассвет, сели они на быстрые корабли, построенные Странником, и ушли в океан, став Мираэлами – Детьми Моря.

Много веков кочуют они в западных водах, не ступая на восточный берег, но, как прежде, тая надежду вернуться в первых лучах Рассветной эпохи…

Стелары – или на всеобщем – Повелители пещер. В начале Первой эпохи Сандор даровал некоторым людям власть над вещами – всякая, созданная им вещь, несла в себе пламень и душу творителя. Всё прекрасное, что видели они, все песни, которые слышали они, возрождалось в творимых вещах – так появились Стелары. И многое из того, что создавалось тогда, на заре времён, творили

Стелары. Но вот настали годы войны с Лавад Ши и Стелары ушедшие в горы, вырезали там пещеры, отстроили крепости, соединённые подземными ходами и назвали тот край Толкаррой – Королевством Белых Камней. Столицей Толкарры был Лэттеран Вековечный, первый людской город, вознесённый на обрывающейся в море скале с тремя башнями – маяками, выкрашенными особой краской, отражающей лунный свет. Поэтому, всякой ночью море там светится серебром на многие мили вокруг. И несчётны были богатства Толкарры, добытые Стеларами из недр, но главным сокровищем был Квиалор – камень принесённый в мир Элиан, сердце Королевства Белых Камней. Пока Квиалор сиял в руках короля – тьма Сета была не властна над душами Стеларов. Никакой враг не мог превозмочь воинов Толкарры. Но вероломные жрецы Сета похитили Квиалор, и дальнейшая судьба камня неизвестна.

Лорды Леса – люди, уставшие от мира, отчаявшиеся в одиночестве и отдавшие любимым свою неудавшуюся жизнь, покидают города и уходят в лес Василисков, близ Вековечных гор или в лес Ивералор, что близ рек Форгел и Велион. Они – хранители леса, редко видящие друг друга, всегда одинокие, прислушиваются к шуму деревьев и играют позабытые песни. Лес удлиняет их жизни – Лорды Леса живут втрое против обычного. Лорды Леса появились в мире в начале Второй эпохи, они дети Ниэлы, подобно ей верящие в ненапрасность, смотрящие на звезды и творящие песни, смысл и слова которых из всех живущих людей известны только им одним.

ИЗ ПЕСНИ ОБ ЭЛИАН

Её повели по винтовой лестнице наверх, где светили несколько факелов, и, бросив на пол в зале без окон, ушли.

И тогда появился какой-то человек в красной мантии, от которой исходил свет, такой же, как от факелов на лестнице, багрово-красный, не рассеивающий, а сгущающий тьму. И лица его нельзя было разглядеть – лицо светилось как и одежда, и Элиан поняла, кто перед ней.

– Ты Сет, – сказала она, отступая.

– А ты Элиан, принцесса дома Стеларов, разлучённая со своим любимым, и сюда пришла выторговывать ему жизнь. Ты, конечно, надеешься, что окончится хорошо, потому как иначе окончиться просто не может.

– Да так оно и будет – смотри.

Сет протянул руку и Элиан увидела себя и своего любимого: вот она держит его за руку, они возвращаются в Толкарру и живут там – такова была их мечта. Идёт время, у них родился ребёнок – она будет великим воином, Раян, говорит она мужу. Элиан счастлива, и все вокруг рады за них. Вот Стелары побеждают страшных Лавад Ши – теперь-то обязательно всё будет хорошо, но постепенно любовь уходит. Хорошо, что её дочь нашла своего любимого и счастлива с ним… Элиан хотела узнать, что случится дальше – но оказалось, что она всё ещё стоит в тёмном зале без окон.

– Твой любимый ждёт тебя в этой башне – но пойдёшь ли ты к нему теперь? Спросил её Сет.

Элиан с трудом взглянула на Сета, багровое пламя жалило её сердце, словно вселенная кричала ей о бесцельности любой цели, напрасности любой жизни, обо всех несбыточных мечтах, страшных тем, что они сбываются, а раз не вечно вечное – значит не важно всё. Она закричала, и сердце её, ставшее пустым, вдруг наполнилось, и внезапно она увидела всё: тысячи судеб, луну и солнце, столь любимую ею зиму в Толкарре, и столь нелюбимую осень. Она видела деревья и травы, названия которых не знала, видела страшные войны и преступления, которые ещё только будут, и людей: знающих и незнающих, ищущих и уставших. После увидела себя и Раяна – и как тает любовь у них. А за всем этим она увидела что-то ещё – самое важное, что делало всё это ненапрасным, и поняла, что вот сейчас перед ней тот самый смысл жизни, который так долго искали мудрецы её народа. И знание это, бывшее с ней так недолго, она успела перенести в мир.

Другим светом вспыхнула тогда зала, в котором померкло тёмное пламя Сета и сам он исчез. А Элиан увидела сияющий камень, который сама же и создала, и имя ему было – Квиалор.

Взяв его, она нашла в башне своего возлюбленного и отправилась с ним в Толкарру, где жила, а когда он разлюбил её, Элиан, оставив камень в Лэттэране уехала куда-то, а где окончились её дни так и не узнал ни один Стелар.

СЕТ И МАРРАГИ

Много грусти знает история мира, но и радость часто сияет там, где её не ждут. Большее, что хотела передать Ниэла людям, была весть о ненапрасности всего и о неоставленности каждого мыслящего существа. В эту неоставленность трудно поверить после ухода Ниэлы из мира, ибо кажется, что тьма сжимает малые островки света в океане мрака. Но верящие Ниэле верят и в хороший конец и потому особенно ненавистны Сету. В людских городах и среди народов земли он пытается посеять если не почитание себя, то хотя бы осторожность и подозрительность к Аринам вообще. В чём он особенно преуспел, так это в создании зармарцев, которые родились с их отношением выгоды ко всему творению вообще. Ни для кого не секрет, что и Сета они почитают ради тех выгод, которые он им даёт. Но есть у Сета и другие служители, кроме зармарцев. Это марраги. Их 13. Некогда они были героями, королями, великими людьми. Но каждому из них Сет внушил тягу к бессмертию на земле и ропот на судьбу, данную Сайлором людям, ропот на смертность.

И все они поклонились Сету получив от него некую видимость жизни. С тех пор они не живут и не умирают, их бытие полностью зависит от их властелина и у него они научились ненависти к творениям Сайлора и к самому Сайлору. Они, как и Сет, жаждут, чтоб вне тьмы и тени не было никакого бытия. Обитают они обычно в башне

Стелфаррак, на восточной окраине леса василисков, но, как и Сет, часто обходят лицо земли где вершат его волю. Ведь Сетом движет желание сделать мир подобным себе, а всякое существо, которое жаждет света, он ненавидит лютой ненавистью и хочет его или исказить, или уничтожить. Именно в Стелфарраке Элиан нашла своего возлюбленного, и, говорят, после явления в мир камня ненапрасности Квиалора, Сет неохотно посещает эту башню. Здесь же слуги Сета держат в плену тех из лордов леса, кого им удалось поймать. Держат с единственной целью – отвратить от почитания Ниэлы и сделать рабами чёрного властелина, который уже давно гордо именует себя властелином мира. И придёт ли когда-нибудь конец его владычеству, про то знает только Сайлор, но он никому не открыл этот сокровенный узор судьбы мирозданья.

ИЗУМРУДНЫЙ ОРМ

Темны краткие дни и тревожные долгие ночи в мрачных лесах по ту сторону стеларских гор. Бежавший от расправы разбойник, равно бездомному скитальцу найдёт приют в его непроглядной чаще. А когда из мира исчез Квиалор, многие стелары бежали сюда – в лес Василисков. Среди бежавших был и Марин – великий мастер-искусник, равного которому не знала Толкарра. В огранке ли самоцветов, плетении кольчуг, или закалке стрел не было для него тайны, всему творимому дарил он часть пламени и имел великую мечту – воплотить в творимом свет. Многие ночи провёл он в трудах, пытаясь вдохнуть в камень, то чего камень не знал никогда – пламень души человеческой. А однажды к порогу выстроенной им хижины пришла прекрасная женщина, себя не назвавшая. И полюбил её Марин и она полюбила его, и многие годы они были счастливы собою. Но и в счастье не было Марину покоя – все так же силился он вдохнуть в камень предвечный свет.

– Не делай этого, – просила его любимая, – наш свет в любви. К чему нам другой?

Но Марин не слушал её. Однажды вечером, когда Марин в раздумье бродил по лесам к нему явился Сет и сказал:

– Мне ведома твоя страсть и мечта и я помогу тебе, если хочешь.

– Никогда ни в чем стелары не полагались на Сета, – отвечал Марин, – я знаю тебя как врага моего народа – уходи.

– Я враг твоего народа, но не тебе, – продолжал Сет, – ты – величайший мастер, а что на свете важнее искусства? К тому же, – добавил он, – ты просил помощи у прочих Арринов – но отвечали ли они тебе? Они – завистники твоего искусства, а я – нет.

– И вправду, – подумал Марин, а в слух сказал, – коли можешь, открой мне желаемое.

– Создай из камня фигуру и чтоб наполнить её предвечным светом возьми кинжал и вырежи сердце у той, кого любишь. Как только кровь её прольётся на камень – свет зажжётся в нем.

– Нет, – отвечал Марин.

Но столь большую власть имел Сет над душами, что убедил его свершить злодейство.

– Что такое твоя любовь в сравнении с твоим творением? – увещевал он, разбудив тем самым тайные думы Марина, и тот, исполнившись решимости, вернулся домой, взял кинжал, подойдя к той, которую любил.

– Погоди, – сказала она, обернувшись, – злое затеял ты и я не в силах помешать. Но дай открыть перед смертью своё имя, чтобы ты знал, кого любил.

– Знай, – я Ниэла, – тебе нужно моё сердце, оно и так с тобой. И сказав так, бросилась на кинжал, и последний раз, обняв Марина, упала бездыханной.

А кровь, пролившаяся на каменную фигуру, вспыхнула и угасла. Но такова была сила любви Ниэлы, что Сет устрашился, ибо, хотя был и зол, но знал, что невинная кровь приближает конец всякому тёмному владычеству. Потому, что в мире осталась надежда угасить которую он не мог, как не мог и не ненавидеть её. Но никто, кроме Марина не узнал, что стало с камнем, а сам он, обезумевший от горя вскоре умер не надеясь на встречу с той, которую любил и отдал.

ИСТОРИЯ ИЗУМРУДНОГО ОРМА

И впервые испугался Сет, и решил уничтожить камень. Но крепок камень и нет в мире силы, способной разбить его – и это знал Сет, направляя своих служителей зармарцев на поиски камня. Те, ведомые его тайной волей, отыскали хижину Марина, и забрали камень. С возвращавшимся отрядом зармарцев повстречались бежавшие Лавад Ши. Озлобленные Лавад Ши вступили в бой с зармарцами (равно людям, ненавидящими танцующих в тумане), и истребили их всех. Не знающие драгоценностей Лавад Ши не тронули камня, а нашёл его Каин, из Лордов леса. Велика была сила Сета и извратила она душу Каина, наделив властью, но – сделав рабом камня. И отправился Каин на запад, в края мармара, провозгласив себя первосвященником и жрецом Сета. Могуч и страшен был носитель камня, названного Изумрудным ормом. Много лет правил Каин Зармаром из храма Сета. В руках его были молнии и ураганы. Ими усмирял он непокорные народы, направляя зармарские легионы в людские страны, и возвращались те, ведя вереницы пленников, возводя у храма пирамиды из отрубленных голов.

И отчаявшиеся люди соединились с рассеянными по миру стеларами выступив в поход на Лавион, где правил Каин.

То были дни великого союза племён и великой битвы у стен города, выигрывали которую превосходящие числом зармарцы, но корабли вошли в неохраняемую гавань – в ту битву вступили Мираэлы. И страшные в бою с ненавистным противником Мираэлы овладели городом изнутри, попавшие в ловушку зармарцы, сдались и их не тронули, а когда победители вступили в храм – нашли мёртвого Каина, сжимавшего изумруд.

Так окончилась битва людей и зармарцев, а Изумрудного бога забрали с собой Мираэлы. Но страшный шторм настиг корабли, и многие утонули, а среди них был и тот, на котором везли Изумрудного орма. И талисман оказался на дне Мирового океана, как и задумал Сет, чтоб ничто в мире не могло служить напоминанием о том, что у мира может быть неизвестная Сету надежда.

О ТОМ, ЧТО БЫЛО ДО ЛУНЫ И СОЛНЦА

В начале, когда ни луна ни солнце ещё не светили перворождённым, потому что не были созданы ещё тогда, мир был освещаем на небе звёздами, а на земле цветами нириэ́н эйда́ль. Эти цветы щедро рассыпала по миру Ниэла. Половину суток стояли раскрытыми они и струили вокруг себя чудный серебряный свет. Но больше всего цветов этих было на западе мира, где жили тогда перворождённые, ещё не разделившиеся в то далёкое время на множество народов, как это случилось позднее. И перворождённые радовались этим цветам угадывая в их свете залог неоставленности и нужности мира, потому, что, как цветы освещали ночь, так Аррины освещали сокровенные глубины мира, открытые тогда многим из перворождённых. Говорят, что сам Эйдарио́л песнопевец складывал свои напевы, постигая эту сокровенную глубину, которая мудро открывала себя в каждом движении и каждой черте мироздания. И радовалось всё творение, только Сет не находил для себя места глядя на всеобщую красоту. И, однажды, явился он к Эйдариолу, чьи песни о весне мира были лучше прочих, и предложил ему мудрость и ведение, которые, как уверял Сет, скрывают от него другие Аррины, и которые сделали бы его песни ещё проникновенней и глубже. У Эйдариола хватило сил не послушать Сета, но его речи имеют ту силу, что и отторгнутые пытаются влиться в душу и возмутить её.

И хотя Эйдариол отринул Сета, тёмные помыслы с тех пор смущали его и не давали песни литься так светло, как прежде. Тогда Эйдариол вообще перестал петь, чтобы не смутить других перворождённых своей болью. А Сет, видя, что лиходейство его действенно, явился снова к певцу и говорил, что никому в мире, ни Арринам, ни перворождённым нет дела до боли певца и мучений его.

Тяжёлая тоска легла с тех пор на сердце Эйдариола, хотя он и не поверил словам врага, но и не знал, чем их опровергнуть, ибо с тех пор как началось его мучение никто не являлся к нему облегчить его муку. Тогда пришёл он в Эвэльтэ́льма Оссиви́н, город перворождённых на западном краю мира, и прошёл его из конца в конец, но не нашёл ни того, кто бы помог ему, ни того, кто исцелил бы его от мрачных мыслей о собственной ненужности. В городе его повстречала Виэли́ра, тайно любившая Эйдариола, и она прозрела его мысли, а затем, когда он ушёл, обратилась к Ниэле и сказала:

— О, Владычица! Мой друг думает, что никому на свете не нужен, но это то же самое, как если бы я стала утверждать, что не нужна никому на свете только потому, что Эйдариол не любит меня. О Ниэла! Дай ему почувствовать, что он нужен хотя бы мне.

И началась тогда борьба между Ниэлой и Сетом за душу и мысли Эйдариола, который ничего не знал о том, какая битва совершается из-за него. Но ни Сет ни Ниэла не могли победить окончательно, потому что важным было решение самого певца. И в какой-то момент, сделав всё для себя возможное, светлый и тёмный Аррины отступили, а Эйдариолу был дан выбор: считать ли, что он нужен всему мирозданию, или думать, что вселенная равнодушна к нему. И он уже склонялся ко второму, когда Виэлира снова обратилась к Ниэле и просила, чтобы боль и тоска её возлюбленного отныне были на ней и его мучение теперь несла бы только она. И тогда, по воле Сайлора, Эйдариолу была открыта вся битва совершённая за него и желание Виэлиры было открыто ему. И стало горько Эйдариолу, что думал он, будто не нужен миру, в то время как весь свет мира сражался за него с тьмой. И окончательно отринул он помыслы врага. Тогда посрамлённый Сет явился певцу в третий раз и нанёс ему смертельную рану, потому, что не мог придумать, как иначе досадить ему. Когда же пришла к певцу Виэлира, Эйдариол уже умирал. Она положила его голову себе на колени, и певец, превозмогая боль, пропел свою последнюю песню, в которой была его победа над Сетом. И понял Сет, что если песня будет пропета, то, несмотря на смерть Эйдариола, Сет потерпит поражение, ибо песне этой суждено будет стать гимном победы добра там, где, казалось, торжествует зло. Но явиться и остановить певца он уже не смог,. Быть может, сила Арринов, а может слова песни удерживали его. А песня всё звучала, и наполняла весь мир, и поныне она живёт в нём, ибо такова была сила искусства Эйдариола-певца, подобного которому не было ни тогда, ни теперь, когда изменился мир. И хотя никто из живущих кроме Виэлиры не слышал самих слов песни, она разливалась по миру и заполняла его не словами, но отблеском света, содержащегося в ней.

Позднее, когда Эвэльтэльма Оссивэн исчезнет с лица земли, мираэлы запишут её словами, но и люди, потомки перворождённых, некогда хранили эти слова, и когда вокруг сгущалась мгла твердили их, и с ними приходила надежда. Вот слова этой песни в переводе на всеобщий язык:

Если б мир был уродлив и сер, и ничтожен,
Неужели, ты думаешь, я бы любил?
Если б вьюга и свет были в чём-то похожи,
Неужели, ты думаешь, я б ещё жил?

Я стараюсь, живу не для мира такого,
Где все дни так пусты, где ответности нет.
Я в нём вижу черты, вижу звёзды иного
И за всех позабывших я верую в свет.

О ЭВЭЛЬТЭЛЬМА ОССИВЭН

На западе юного мира стоял город освещаемый цветами Ниэлы и звёздами. Этот город был необычайней всего, что было тогда на земле и был он жилищем для перворождённого народа, детей Сайлора, но был он и местом где шесть из семи Арринов свободно лицом к лицу встречали перворождённых и учили их правильно постигать мир, петь о нём и украшать его, а более всего они учили их тому, чтобы великий пламень творения вложенный в них не угас, но стал тем, что зовётся Ариа – великая всепобеждающая любовь которая не сотворена вместе с миром, но была раньше него, и которой может приобщиться всякое создание. Многие герои и певцы обитали в том городе и не было тогда в нём места злу, которое приходило только извне, но в сердца жителей города проникнуть не могло. Но пришел тот злосчастный день, когда Сет хотел обольстить остальных Арринов и все они, кроме Ниэлы, поколебались в выборе, и Сет уже думал, что владычество над миром окончательно перешло к нему. За это колебание Сайлор запретил многим Арринам вмешиваться открыто в судьбы мира и Сет уже думал, что народ перворождённых останется без всякой защиты. Тогда он призвал драконов, мрачных и зловещих своих созданий, и повелел им разрушить город, где всё дышало памятью об Арринах. Но Ниэла успела предупредить перворождённых, и часть из них ушла в море на серебристых кораблях, положив начало народу мираэлов, а другая большая часть рассеялась по миру дав вскоре начало другим народам земли.

Сет же хотел, чтобы сама память о светлом городе была стёрта и повелел драконам разрушить его. Но, когда драконы уже подлетали к городу, тот по воле Сайлора был взят от мира, и, хотя в нём не осталось больше жителей, разрушение не коснулось его, ни тление ни тень не коснулись его. Сейчас Эвэльтэльма Оссивэн в чертогах самого Сайлора и живут в нём Аррины помня о времени когда лицом к лицу стояли с перворождёнными и вместе постигали Ариа, которую Сайлор изливает на созданную им вселенную.

Изменится ли что-нибудь и наполнится ли город вновь жителями, об этом в час отхода своего от пределов мира не знали даже Аррины, и знают ли сейчас, про то не сказали ни мираэлам ни другим народам и племенам: ни певцам не открыли об этом в песнях, ни мудрецам не вплели такое знание в их мудрость.

Уходили поколения и память на земле о небесном городе Эвэльтэльма Оссивэн уходила, и теперь уже немногие вне народа мираэлов могут припомнить, что был некогда такой город, и уж почти совсем никто не скажет ни что с ним стало ни почему зовётся он в переводе на всеобщий язык «Имя неба».

О ПРЕДНАЧАЛЬНОМ

Изначальное имя Сета было Сириадон, что значит «Блистающий», но он впоследствии был наречён Арринами Сетом, что означает «противник» или «враг». Но он принял это имя потому что хотел показать, что не намерен быть ничьим слугой, пусть даже и Сайлора. Ибо радость служения высшему была недоступна ему уже тогда, но вина в этом была только его.

Другие Аррины жалели его и просили Сайлора исцелить его, но даже сам Сайлор не исцеляет против воли больного, особенно такого, который мнит себя здоровым.

Лишившись пламени Сет главными врагами себе счёл всех тех, кто был причастен пламени Сайлора, и тогда он решил во что бы то ни стало погасить этот пламень в живых созданиях которых он ненавидел и презирал, потому что творения несущие пламень напоминали ему о его главной потере, которую он не хотел вернуть, но завидовал всем тем, кто обладал ею.

На момент начала нашей саги Аррины кроме Сета не действуют в мире открыто ибо такова была воля о них Сайлора, чтобы они ещё более ценили час выбора. И хотя они с тех пор ещё более утвердились во свете, и если бы выбор случился снова – не сомневались бы, но пока всё остаётся так, как есть, и они действуют в мире тайно, но и так им действовать мешает Сет.

Аррины живут сейчас в небесном городе Эвэльтэльма Оссивэн, но никого из смертных, даже и мираэлов, там с ними нет, потому что путь в небесный город закрыт для всех обитателей земли.

И Ниэла живёт в том городе с ними, ибо будучи бессмертной она не погибла тогда в лесу Василисков, но пришла в небесный город, чтобы плакать о ранах, которые нанёс миру Сет, и которые смертные создания постоянно наносят себе и друг другу. Именно к Ниэле чаще всего взывают мираэлы, но как она отвечает им, а также и то, будет ли когда-нибудь открыт путь, ведущий в небесный город, – об этом не открыто пока живущим, а если и знают о том Аррины, то они скрыли это от всех и умолчали об этом даже когда пророки и певцы народа мираэлов вопрошали их, как это случалось в древние времена, и, говорят, случается и поныне.

О ИМЕНАХ И НАЗВАНИЯХ

В мире Зармар существует несколько языков имеющих разное происхождение.

Самый древний, высокий язык Мирайа, был с самого начала языком Арринов на котором они являли свои мысли перворождённым. Однако уже первые из перворождённых были созданы Сайлором способными говорить и внимающими речи. Говорили они на древнем наречии, которое легло позднее в основу всеобщего языка мира Зармар, но ныне на нём не говорит никто. Аррины учили перворождённых своему языку, и часть из них настолько полюбила мирайю, что стала говорить только на ней. Позднее их назовут мираэлами, и именно они будут хранителями древнего света, который не могла угасить никакая новая тьма. Мираэлы дополняли мирайю, и кое в чём меняли её, но в основе своей это всё тот же язык Арринов.

В древнем наречии было много слов из этого языка, особенно это касалось географических названий. Нарекая имена частям сотворённого мира перворождённые мыслили, что соединяют мир с целебной силой Арринов, а через них и Сайлора. Позднее так думали уже одни только мираэлы, но сама привычка нарекать имена на мирайе сохранилась у многих народов и к тому моменту, который описан в этой саге.

Те из перворождённых, которые стали стеларами, сохранили у себя всеобщий язык, но между собой, наедине, стали говорить на особом стеларском языке звавшемся Аллеро́ш Астела́р, то есть речь стеларов. Они считали, что этот грубый и гортанный язык лучше отражает мир таким, каков он есть – без особых мыслей о запредельном, но с участием в жизни, и участием трудолюбивым и упорным. Аллерошу обучали стеларов с детства, но всё же это был скорее язык преданий и легенд, чем язык общения, потому что, чтя его, стелары в большинстве случаев говорили на всеобщем. Однако случаев наречения имени не на Аллероше стелары почти и не знают. Исключением тут является само слово «Толкарра»[1], так как эта земля древняя и названа так не стеларами. Имя Элиан Великой так же взято из мирайи, что возможно, было предзнаменованием того великого дела, которое сотворила в мире Элиан. Впрочем, в легендах говорится, что она была похожа скорее на мираэла, чем на стелара.

Форосте́лы, как себя звали лорды леса, говорили тоже на всеобщем, но знали и мирайю, к которой прибегали, чтобы через неё приобщаться подлинной мудрости. Они создали свой диалект, называемый форостелио́н. И далеко не всегда могли мираэлы и лорды леса понять друг друга, потому что разное постигали они в мире и разное отражали в своих языках.

В дальних восточных землях Сету удавалось подчас сильно извратить обитавших там людей. Ему даже удалось переменить тамошние языки и постепенно восточные люди вовсе забыли всеобщий, где сохранялось влияние мирайи, а это и было нужно Всеобщему врагу. Таковы люди населяющие Шаха́н и кочевники Гар-Арза́х,

---

[1] С мирайи это слово переводиться как «Мощь камней». На аллероше это название звучало бы как «Аргарра́к каа́ррэ», однако стелары пользуются в названии своей страны словом из мирайи.

дикие и необузданные, они говорят на странных и некрасивых языках которые не имеют названия.

Варвары живущие у хребта Унфарло́р и в лесу Василисков говорят на своих собственных языках. Люди, давшие начало этим народам, хотели жить просто и не задумываться о судьбах мира. Их потомки превратились в варваров и языки их – грубые напоминания о том, что когда-то они знали всеобщий и даже что-то понимали на мирайе.

Язык зармарцев – всеобщий язык, однако сильно упрощённый и вульгаризированный. Само название народа «зармарцы» взято им из мирайи и для них означает то, что именно они – подлинные и настоящие люди, в полном смысле наследники перворождённых. Зармарцы живут на западе мира, где когда-то и явились в мир перворождённые. И сами себя зармарцы считают их наследниками, однако такими, кто исполнил в мире всё то, чего не смогли исполнить другие народы. Потому в зармарском языке немало сохранилось названий на мирайе, хотя много и новых слов, свойственных только зармару. К самой же мирайе зармарцы относятся неприязненно и не пользуются ею. А если кто из зармарских учёных начнёт изучать этот язык, такого считают подозрительным и странным, что в зармаре может угрожать жизни этого учёного. Тем более, что бывали случаи, когда зармарцы изучавшие мирайю настолько проникались древними легендами, что переставали быть зармарцами в полном смысле этого слова. Они могли хотеть странного с точки зрения зармара и поэтому, хотя изучение мирайи тут официально не запрещено, но если кто осмелится взяться за него – такого, по крайней мере будут считать ненормальным или изменником, и все это знают. Но бывает и так, что некоторые зармарцы намеренно изучают слова на мирайе. Это ближайшие слуги Сета, которым он даёт большую силу за служение ему. Их зовут великими посвящёнными, и они берут из мирайи слова, чтобы надругаться над древним языком Арринов, потому что составляют из них заклинания, опасные для всего живого. Хотя обычно они пользуются для своих заклинаний или всеобщим или руническим – этот язык специально составил Сет для своих слуг в насмешку над мирайей и пользоваться им можно только для чёрных дел и всякого лиходейства.

САГА О ДРЕВНЕЙ НАДЕЖДЕ И ХРОНИКА ОТРЯДА НАДЕЖДЫ СОСТАВЛЕННЫЕ КНИЖНИКОМ ЭЛИАСОМ ЛЕТТЕРАНСКИМ ПОСЛЕ ВСЕГО, ЧТО ПРОИЗОШЛО С НИМИ

МИРАЭЛЫ

Корабль, посланный из Леттерана Вековечного, разбило волнами и единственными, кто выжил, были книжник Элиас и стелар Аркива́сса. Странно, что вообще кто-то смог уцелеть в такую бурю, но необыкновенны и чудны пути по которым совершается мир. Если посмотреть сверху – это будет дивный и мудрый узор, но находящемуся на нитях узора будут видны только разноцветье нитей и красок и мало кто из живущих сможет составить из них хотя бы часть целого. Нитям великого узора суждено было переплестись так, чтобы Элиас с Аркивассой не погибли вдали от родного города, но встретили корабли мираэлов. Немногие на земле видели этот чудный народ, перворождённых детей Сайлора с которыми когда-то говорили сами Аррины. Много веков назад мираэлы, сохранившие верность Арринам или верховным вестникам Сайлора и духам мира, после тех дней, когда Аррины перестали являться людям и только Сет старался сделать весь мир подобным себе, мираэлы ушли в море уплывая от тени медленно но неотступно покрывающей землю. И хотя далеко не всё в мире находится во власти Сета, и не все разумные существа творят его волю, мираэлы ушли и память о них хранится теперь более в легендах, нежели в свидетельствах очевидцев. Тем более необычна эта встреча мираэлов с терпящими бедствие человеком и стеларом ещё и потому, что древнего народа становится в мире всё меньше. Среди людей они стали почти сказкой, и это на руку Сету, который хочет посеять недоверие к народу, некогда бросившему ему вызов, и, даже когда большинство Арринов колебалось в выборе, не колеблясь вставшему против Сета, ненавидящего пламень Сайлора, который хранит не только мир, но и самих Арринов. В тот страшный день, когда Сет восстал на творение Сайлора, мираэлы воззвали к Ниэле и её вера в то, что конец не может быть плохим, передалась им, и они выстояли, сохранив свет среди моря мглы. И как тогда тьма Сета не объяла этот свет, так и спустя тысячелетия само их присутствие во вселенной несёт в неё свет. Для одних они — основание надежды, и как знак великой надежды и неоставленности мира где-то у них, говорят, хранится Квиалор, камень надежды. Для других они — предмет злобы, которую всегда вызывает свет у тех, кто лишён его. В Леттера́не, последнем людском городе, где сохраняется ещё верность Арринам, мнения о мираэлах разнятся. Некоторые говорят, что только благодаря знанию и силе мираэлов можно остановить нависшую над миром тень. Но есть и такие, кто уверен, что только в зармаре и зармарском образе жизни можно утвердить мир и благоденствие. Есть и такие, которые видят выход в объединении зармарской империи и Леттерана, в равноправном союзе, которому противится сама память о мираэлах.

Стелар Аркивасса, как и большинство стеларов, не придерживается ни одного из перечисленных взглядов, но, как и большинство стеларов, недолюбливает мираэлов за то, что они уплыли, оставив мир на произвол судьбы, тогда как одни только стелары ещё противостоят надвигающемуся злу, но и они не выстоят без поддержки.

Книжник Элиас верит, что само присутствие мираэлов хранит в мире свет, в то время как тьма грозит сомкнуться над землёй.

Мираэлы вытащили обоих из воды и укрыли тканью, чтоб те обсохли. Оба они: человек и стелар, оглядывались по сторонам. Аркивассу поразило, что корабль более похож на чудной дворец, чем на боевое судно. Несколько палуб разной длинны переходящие одна в другую. Всё лиственно-зелёное и золотистое, а кое-где – золотое и белое. В резных деревянных вазах растут цветы и какие-то ещё незнакомые Аркивассе вьющиеся и стелящиеся растения. Такой корабль не выдержит боя, но он, очевидно, и не предназначен для этого, этот корабль скорее лес и дом, малый остров посреди океана, жизнь которого течёт своим, неведомым миру чередом. У некоторых мираэлов Аркивасса заметил мечи и луки, но большинство было безоружно. Не увидел стелар и катапульт, которые стоят на боевых леттеранских кораблях.

«Конечно, – подумал Аркивасса, что им до войны всего мира и до защиты добра – им дороги какие-то свои надмирные интересы, а не то, чем живём все мы».

Элиас тоже смотрел вокруг, но его удивил не корабль, хотя Элиас и увидел, как тут всё красиво, но больше всего его поразили сами мираэлы, о которых он до этого лишь читал в древних книгах. Лица их все были молодыми, но Элиас знал, что перворождённые не стареют и не умирают, если не будут убиты. Главным в лицах была даже не мудрость, хотя она была велика, но некий неуловимый для глаз свет. Он был явен, но сфокусировать на нём зрение и сказать: «вот он» не удавалось. Эта неуловимость для глаз, но явственность света окружавшего их показалась Элиасу каким-то волшебством дивного и чудного народа.

Им обоим дали отдохнуть, а потом отвели в комнату, где было много красивых цветов и книги, написанные, как узнал Элиас, на мирайе – древнем высоком языке перворождённых. Он слышал, что на этом языке говорят и все Аррины, кроме Сета. Несколько дней с ними никто не говорил, только еду приносили им. Стелар и человек не знали, можно ли им выходить из комнаты, а спросить было не у кого. Мираэл, приносивший им еду, знаками показывал, что не понимает их речи, стоило им заговорить с ним.

Но вот, наконец, за ними пришли и позвали следовать за собой. Их привели на верхнюю палубу, в центре которой находился круглый дом с резными колоннами и посребрённой крышей. Их провели в зал, где восседал в окружении других, высокий темноволосый мираэл в серебристой тунике. На голове его был обруч с алмазной звездой, звезда была вышита и на тунике. Приведшие Элиаса и Аркивассу склонились в глубоком поклоне перед восседавшим мираэлом. Человек и стелар почувствовали перед ним нечто такое, что и им захотелось склониться перед величием сидящего. Элиас тотчас поклонился, Аркивасса сдержал себя и стал с напускным равнодушием осматриваться по сторонам.

– Мир вам, – обратился сидящий к ним.

– Какой может быть мир для пленников? – буркнул стелар.

– Вы вовсе не пленники, – сказал один из стоявших в зале мираэлов, – Вы гости наши и нашего лорда Эстела́ра, к которому мы вас и привели.

— Если мы не пленники, тогда будьте добры высадить нас в ближайшем порту и на том распрощаемся, – хмуро ответил Аркивасса.

Лорд мираэлов улыбнулся и сказал:

— Мы уже много столетий не приближаемся к портам земных городов. Однако ты не очень-то учтив, для гостя.

— Прости моего друга, благородный лорд, – поспешил вступиться Элиас, – мы оба благодарны вам за наше спасение и за предоставленный кров. Ни он, ни я и не чаяли увидеть благословенный народ, как зовём мы вас в Леттеране.

— Как я вижу, так зовут нас не все, – заметил Эстелар.

— К сожалению, не все, отвечал Элиас, многие соблазнённые мыслями о зармаре и его великом благополучии ненавидят вас, ведь даже песни о вас, которые поются в мире людей, не дают тени окончательно сомкнуться над миром. Мудрецы говорят, что даже в песнях о вас есть ваш свет.

— В творении всегда есть содержание сердца творца, – отвечал Эстелар – А тот, кто тянется к свету, не может быть ему хоть в чём-то непричастен. Но вижу, твой друг совсем иное о нас помышляет.

— Я стелар, – ответил Аркивасса, – и сын стеларов рудокопов из Толкарры. Нам в Толкарре и Леттеране вот уже много веков приходится сдерживать натиск Зармарской империи. Ты говоришь – вы много столетий обходите порты стороной. А мы уже много столетий ниоткуда не получаем помощи. Люди в большинстве своём изменники и их сердца легко поддаются соблазну зармара, лорды леса укрылись в лесах, и им ни до кого нет дела. Вы вообще покинули этот мир, одни мы – стелары, чтим своего Аррина и блюдём мир перед лицом врага.

— Не одни вы чтите своего Аррина, – ответил лорд мираэлов, – и блюсти мир можно не только со стеларской секирой или шестопёром в руке. Есть и другие способы сдерживать тьму, но в одном ты прав – над миром нависла угроза особая и страшная, подобной которой не было до сих пор. Это новая тьма, но противостоять ей может, как всегда, только древний свет.

– Ты говоришь об угрозе зармара? Они уже давно мечтают захватить Леттеран и Толкарру, но пока наши стены крепки и люди надёжны.

– Новая угроза не в силе вражеского оружия. В древние времена, бывало, правый дух ниспровергал вражью мощь. Новая беда в том, что Сет сделал зармарскую империю и её жизнь притягательной для большинства из тех, кто считает себя врагом империи. Но самое ужасное в том, что каждый, кто возжелает жить по-зармарски, делается неспособным вместить то, что мы зовём Лаин, а Аррины называют пламень Сайлора. Или, говоря по-вашему, свет Сайлора уходит из их сердец. Всю бедственность последствий этого ухода, как для человека, так и для мира, не можем представить даже мы.

– Сердца людей всегда были близки злу, – воскликнул Аркивасса.

– Но сердца людей бывают близки и к добру. В этом часть нашей великой надежды, – отвечал лорд – Что же касается стеларов, то они беспочвенно мнят себя свободными от зла. Их привязанность к миру вещей часто закрывает им глаза на мир песен, и на тот мир, который стоит за вещами и песнями, и придаёт им особое значение.

– Разве для нашего мира есть надежда? – Спросил Элиас.

– Разве для нашего мира есть надежда кроме стеларских топоров? – Передразнил Аркивасса.

– Надежда мира никогда не заключалась ни в топорах стеларов, ни в мечах людей, ни в луках и песнях мираэлов. Надежда старше этого мира, надежда за пределом надежды, она всегда противостоит мраку, и знающие о ней ненавистны тёмному врагу мира. Но несмотря на это земля действительно стонет от боли и войн, и мучается от неверности живущих на ней. Ибо наша битва, прежде всего не против зармарской империи, которая, наслаждаясь жизнью и победами, не знает, что вся она во власти тёмного властелина, наша битва против самого главного врага и его замысла извратить всю землю и явить Сайлору недостоинство его созданий. Таковы замыслы врага и нам они небызызвестны, но мы хотим, чтобы они стали известны и тем из свободных народов, кто ещё сохраняет свободу не подчинятся злу.

— Если вам надо, чтоб другие знали то, что ты нам сейчас рассказал, почему вы не скажете об этом всем? — Воскликнул стелар.

— То, что я сказал вам сейчас, ты услышал только наполовину, а многие не услышат вообще. Но кое в чём ты прав — мы слишком долго не посещали людей, сегодня же мы решили иначе — корабль, один из наших кораблей, тот, на котором находитесь вы, плывёт сейчас в Леттеран, чтобы предупредить людей и стеларов о грозящей городу двойной опасности.

Элиас, услышав эти слова, исполнился радости:

— Наконец город верных увидит тех, в ком их верность обретала силу.

Арквасса промолчал, он не верил в помощь народа, давно ставшего в мире сказкой: «Да и какую помощь могут предложить они? Совет? Но Толкарре нужны не советчики, а воины. Солдат? Но не похоже, что они мастаки драться. Разве только волшебство, в котором, как я слышал, они сильны».

Корабль плыл к Леттерану и тяжёлые раздумья не покидали Арквассу, он душой болел за свою родину и не знал, что он, обычный стелар, мог бы сделать, чтобы ей помочь.

ЛЕТТЕРАН

Толка́рра – горная страна, которую испокон веков населяют стелары. Кто такие стелары? Это народ избравший некогда своим покровителем Аррина Сандора, и хотя не все стелары обращаются к нему в нужде, а в последние столетия, и вовсе немногие, потому что стелары больше полагаются на себя и свою силу, или силу друзей. Стелары невысокие, бородатые, сильные, крепкие и широкие в плечах. Они – непревзойдённые мастера и оружейники, предпочитают жить в пещерах и шахтах которые сами роют в горах. Стелары Толкарры никогда не служили Сету и себя считают последним верным народом земли. Стелары просты и прямодушны, открыты, говорят, что думают. Они сильнее людей и гораздо выносливее. Сандор даровал им особую власть над камнями, металлами и изделиями из них. Как поэт чувствует слово, так стелары чувствуют металлы и камни, чувствуют их изнутри, и высвобождают скрытую в них красоту, придавая им мастерские формы.

Их связь с вещами особая, хотя и не такая, как у мираэлов, которые наделяют всё, чего коснутся, частью своего света, а потому и камень и дерево, которых коснулась рука мираэлов, помнят о них и говорят:

– Они пробудили нас, они наделили нас светом и они дали нам песню, которая без слов сокровенно говорит о великом.

Стелары не так, но они прочно связаны с землёй, как лопата и её черенок. Так же они связаны и с делами рук своих. Смысл жизни стелар усматривает в труде, в обработке всего, до чего дотянутся его руки и потому они не задумываются о том, что лежит в основании вещей и дел. Под стать стеларам и их земля – крепкая, суровая. На древнем языке эти горы зовутся Толкаррой, что означает – мощь камней. На западе Толкарры, у моря лежит людской город Леттеран, самый древний из людских городов прозванный Вековечным.

Этот город издревле населяют люди, потомки тех перворождённых, которые вот уже вторую эпоху сражаются с Сетом. Сейчас это почти единственный людской город открыто противостоящий Зармарской империи и власти Всеобщего врага, а Сет уже давно, с предначальных дней, считает себя повелителем земли и ненавидит всех, кто бросает вызов его власти. Правит городом совет из семи лордов и у каждого лорда есть своя дружина воинов, а все вместе они объединяются, когда городу грозит опасность. За несколько тысячелетий существования города враг никогда не входил в него: ни орды варваров, ни чудовищные Лавад Ши, ни армии зармара никогда не ступали за стены Леттерана Вековечного. Люди и стелары равно обороняют город, который все верные арринам считают последним оплотом светлых сил в мире. Но и в Леттеране есть те, кто считает совсем иначе и для них добро – это зармарское благоденствие и прогресс, а зло – это все древние предания и люди древней веры, которые противостоят ему. Есть такие и среди лордов правителей. Верные усматривают в этом дело рук Сета, который многими льстивыми обещаниями приобретает себе сторонников, суля богатство, власть и бессмертие, подобное тому, какое даровал некогда маррагам – тринадцати своим слугам, некогда волшебникам, королям и героям земли, а теперь ставших призрачными служителями тьмы. Вряд ли случайно говорят люди, что маррагов видели и в Леттеране, но как они туда попадают и как уходят оттуда для всех остаётся тайной.

...В этот древний город и приплыл корабль. Лорд мираэлов сошёл на берег и был встречен посланниками правителей города. Аркивасса удивлялся, как правители так скоро узнали об их прибытии, но оказалось, что отряд вышел встречать не их, а послов с зармарского корабля тоже пришедшего в это время в порт. Вышедшие встречать воины поразились, что видят живых мираэлов и предложили провести их в зал совета, куда должны были провести и зармарцев. Как оказалось позднее, лорд мираэлов просил лордов города о личной встрече, но ему было предложено встретиться на общем совете, куда должны были прийти и послы зармара.

В зале совета стояли троны семи лордов города, однако сидевших было трое: Скиба, Эктор и Вим. Лорды Алларт и Форост неожиданно заболели и на совет не явились, а ещё два места уже несколько десятков лет пустовали.

— Мы рады приветствовать два великих народа столь неожиданно посетивших наш город. Надеюсь, наш совет послужит пользе всех трёх народов земли; начал Скиба. Это был невысокий и толстоватый человек, слывший мастером в политических делах и переговорах.

— Ты опять забываешь, Скиба, что на земле есть ещё и народ Стеларов, — хмуро заметил Эктор, лорд стелар — И напомню тебе, что город стоит на древней стеларской земле.

— Людской город может стоять на какой угодно земле, — быстро ответил Скиба.

— Мираэлы пришли сюда не затем, чтобы слушать перебранки, и дело нашего посольства не терпит отлагательств и промедлений, — неожиданно подал голос лорд мираэлов.

– И наше дело, благородные лорды, не терпит отлагательств, – сказал старший из зармарцев – Мы приплыли сюда ради дела великого и полезного как для зармарской империи, так и для славного Леттерана.

– Мы со всем усердием слушаем вас, – засуетился Скиба.

– Послушайте лучше нас, пока у вас есть ещё возможность слышать, – сказал мираэл.

– Видите, – воскликнул зармарец, – как мы и предупреждали вас раньше, этот гордый морской народец, эти лже-перворождённые угрожают вам и презирают вас, и только в предложении нашего императора Юзвена Четвёртого Леттеран обретёт истинную силу и славу.

– За вашим предложением стоит Сет, – гневно отвечал мираэл.

– Напомню мореходам, что Сет – Аррин, и самый могучий из всех. И никто, что вы знаете и сами, не принёс миру такую пользу и такое благоденствие как наш великий Аррин, истинный император мира – сказал зармарец.

– Это Сет принёс благоденствие?! – возмутился Эктор – Да Сет принёс только тьму.

– Тихо, тихо, – примирительно проговорил Скиба – Сет, Аррины, тьма, свет – это всё относительные понятия, которые обсуждать годиться только книжникам в библиотеках, за чтением древних манускриптов. Мы же собрались тут обсудить вещи реальные, и по-настоящему значимые для жизни города – выслушать предложение благородных послов великого императора Джога Каэра Юзвена Четвёртого.

– Выслушайте вначале меня, выслушайте пока не поздно, – вмешался мираэл.

– Всему своё время, отвечал Скиба, есть протокол заседания и нарушать его не следует.

– Император Юзвен Четвёртый, начал зармарец, понимая всю беспочвенность и бесполезность постоянного военного напряжения между великой Зармарской империей и Леттераном Вековечным предлагает городу союз торговый и военный. Мы готовы признать ошибки прошлого ради великого союза, в котором укрепятся два наших победоносных государства.

– Какой может быть союз света с тьмой? – Сказал Эктор приподнимаясь. Что общего у геройства с беззаконием?

– Преотличный, – заверил его зармарец – Тем более, что и свет, и тьма – понятия философские, а мы говорим о пользе государства и города, где философии о добре и зле места нет. Скажу так же, что только мы можем принести земле истинное благоденствие, мы – новый народ и новая раса, а вы, присоединившись к нам, познаете истинную свободу, свободу личности, которой вы ещё не знаете.

– Мы с удовольствием принимаем ваше предложение, – сказал Скиба, – и объявляем в Леттеране эру благоденствия и процветания, которая начнётся немедленно.

– Измена! – вскочил со своего места лорд Эктор.

– Это дело решенное, – продолжил Скиба, – сейчас, пока мы сидим здесь, зармарский флот входит в порт. В порту теперь отряды лорда Вима, который любезно согласился пропустить их.

Вим кивнул.

– Войска вольной империи, наконец, принесут порядок и культуру в наш город, – продолжил Скиба. – вам, Эктор, остаётся только покориться.

Эктор выхватил топор. Но в зал совета уже вбегали солдаты из отряда Скибы.

Лорд мираэлов выхватил меч. Солдаты, по команде Скибы, окружили его, он отбивался, но его обошли сзади и пронзили копьями. Лорд выронил меч, поднял руки к небу и крикнул: «Ниэ́ла, ва́йдэ!»[2], и пал под ударами солдат.

Эктор отступил к окну. Он посмотрел вниз, солдаты уже окружали его. Тогда он схватил скамью, кинул в окно и прыгнул следом.

– Догнать и убить, – крикнул Вим.

– Далеко он не уйдёт, – сказал Скиба, – всё равно войско зармара уже в порту и через несколько часов в городе не останется ни одного стелара.

– Вы всё проделали хорошо, – сказал подошедший зармарец, – как мы и условились, и мы выполним наше обещание, вы будете править городом от имени Юзвена Четвёртого, как вам и говорили посланцы императора мира, Сета.

– Что нужно сделать в первую очередь? – В один голос спросили лорды.

– Об этом спросим посланца, один из них должен был прибыть с флотом.

Зармарец начертил в воздухе круг, в круге соединил линии так, что внутри получился глаз. Линии светились багровым пламенем, а зармарец крикнул: «Марраг!». Прошло немного времени и те из солдат, кто стоял у дверей, в ужасе вскрикнули и разбежались, бросив оружие. В комнату вошёл некто в чёрном балахоне с капюшоном, скрывающим лицо. От него исходило ощущение мощи и ужаса. Скиба и Вим посерели. Зармарец сказал: «Приветствую тебя, о посланец Верховного. Какие вести прислал нам владыка?». Из-под капюшона послышался похожий на завывание ветра или вой какого-то погибающего зверя голос:

[2] То есть «Ниэла, прими».

— В первую очередь в городе надо построить храм великого Сета, который будет сообщать свою волю лордам города. Его воля не будет ни обременительной, ни суровой и вы сами увидите, насколько ваши тайные пожелания и намерения согласны с его волей. Те, кто искали власти, получат власть. Искавшие денег станут богаты. Те, кого влекут корни мира, познают великие тайны.

— А как быть с теми, кто не захочет поклоняться Сету? – Спросил дрожащий Скиба. – у нас в городе даже те, кто за зармар, ему не служат. Я, например, в него и вовсе не верю.

— Это не мешает тебе служить ему, – отвечал марраг. – Часть из тех, кто сейчас не хочет, должны склониться на ваши уговоры и обещания – поэтому дел у вас будет много. А те, кто откажутся… – сделайте так, чтоб поклонившиеся увидели в них врагов и преследовали их. Так же продолжайте искать корабли мираэлов, потому, что никто так не противится планам повелителя мира, как они. Это всё.

…Многие бежали из города и в их числе были Аркивасса и Элиас, которые в тот день держались вместе. Корабль мираэлов зармарские солдаты сожгли в порту, спаслось только несколько мираэлов, которые были в городе. Среди них была Миралáйн[3], дочь лорда Эстелара. Узор судьбы на этот раз был сплетён так, что она бежала вместе с Аркивассой и Элиасом. Они бежали в горы Толкарры, а за их спиной полыхали пожары, и солдаты зармара добивали последних верных защитников Леттерана Вековечного, и с падением города, как казалось Элиасу и Аркивассе, пал последний бастион сдерживающий силу тьмы.

---

[3] Чьё имя в приблизительном переводе на всеобщий означает: «Подлинный, сокровенный свет».

ТОЛКАРРА

Каждому существу на земле должно быть куда идти, а Миралайн теперь некуда было идти. Корабль сгорел, близкие погибли. Вы можете представить себе семью, где все по-настоящему любят друг друга, но мираэлы связаны между собой сильнее, чем людская семья. Они связаны связью, которая не ищет от другого ни пользы, ни выгоды, но видит в каждом родном другом всю полноту бытия. Что такое лишиться близких для мираэла невозможно и представить тем, кто не знает их глубинного сроднения, когда все становятся словно бы одним. Миралайн знала два способа выразить свои чувства: обращение к Ниэле и песня. И она запела. Пение её, чистое и высокое, по сути, и было обращением, хотя имени Ниэлы она в нём не упомянула, но в пении была надежда, что её услышат там, за пределом мира. Вот её песня:

Arkiv*a*ssult in v*a*ja mir*i*a
Ariv*a*nte zarm*a*r lettes*a*j
Nal' iv*e*ra all*a*u mar*i*a
Sul er*a*ja lor*i*a lor*a*j.

Arkiv*a*ssult in n*e*ris av*a*ja
Rik vel*a*na ra*e*l tori*o*n
*A*l'va est? – kviav*a*nt rok er*a*ja
Un Ar*i*a – est saj venis*o*n.

Неожиданно для самой Миралайн в конце песни засияла, как солнечный луч, надежда.

«Что нам осталось? – надежда – звезда в тумане, скрывающем будущее» – спела она последние строки.

Эта надежда родилась не в сердце Миралайн, которое было полно боли, но пришла из-за предела мира как ответ на её песнь, и Миралайн поняла, что услышана.

Элиас с Аркивассой стояли рядом и слушали, даже Аркивасса воздержался на этот раз от привычных замечаний, а Элиас полностью погрузился в песню. Смысл слов он понимал с трудом, но напевом, словно открывалось само небо и будто сами Арины сходили на землю звуками этой песни и вокруг становилось светлее несмотря ни на что, а быть может, вопреки всему.

Неожиданно для себя Элиас произнёс:

– Госпожа, куда нам идти?

Миралайн не ответила, а Аркивасса сказал:

– Сейчас тут везде война, надёжное убежище может быть только в Толкарре, но до подгорных пещер стеларской страны надо ещё идти. Тебе лучше идти с нами, – сказал он, обращаясь к Миралайн.

Та кивнула.

– По крайней мере, мы сможем укрыться в горах. Зармарцы обломают себе все зубы о стеларские горы.

И они пошли. Путь был известен Аркивассе. Хотя тот и жил в Леттеране, но дороги Толкарры знал относительно неплохо. По пути, чтоб подбодрить себя и путников, он рассказывал о стеларской стране. Дорога бежала по тропе вдоль горной цепи, вершины гор были покрыты туманом. Вправо и вниз лежала горная равнина и на ней паслись овцы. Аркивасса объяснил, что стелары, хотя и живут в большинстве своём под землёй, разводят овец. Никто из стеларов пока не встречался им. Пройдя ещё один поворот они прилегающую к скале невысокую, метров пять, бревенчатую башню у которой стояло несколько воинов стеларов в кольчугах, шлемах, с круглыми щитами закинутыми на спину и топорами на боку. Один из них подал путникам знак остановиться.

– Назовитесь, кто вы и зачем идёте в нашу страну?

– Мы бежали из Леттерана, который захвачен врагом, – отвечал Элиас.

– Эту по истине чёрную новость мы уже знаем. Верховный король Орбур разрешил пропускать беглецов к нам, но только тех, которые назовутся, мы опасаемся шпионов.

– Я книжник и знаток древних сказаний, до этого дня нёс служение в Леттеранском университете, – начал Элиас.

– Кто я такой вы и так видите, продолжил Аркивасса, до этого дня я служил на корабле и был воином. А вот она, – стелар указал на Миралайн, – она мираэл.

– Мираэл? – Удивились стражи. – Откуда здесь мираэл?

– Её корабль был сожжён зармарцами в порту в то время, пока она ходила по городу, – объяснил стелар. – И вот – она осталась с нами.

– Мираэлы – сказка, – сказал один из стражей. – Их придумали наши предки и историям о них верят разве только женщины и дети.

– Мираэлы были великими воинами, только их давно уже нет на свете, – заметил другой стражник.

– Нет, мы не сказка и не воины, – ответила Миралайн, – по крайней мере, наш бой – не с мечами в руках, а против той тьмы, которая грозит захлестнуть весь мир.

– Тьма и так захлестнёт весь мир кроме Толкарры, – сказал ей старший из стражей.

– Тьма не вечна и она исчезнет с рассветом – отвечала ему Миралайн.

– Только вот мы доживём ли до этого рассвета? – Заметил страж. – Зармар песнями не остановить, по всему ясно, что будет война.

– Война идёт уже давно и не только стелары участвуют в ней. А что касается песен, то они, бывает, могут больше, чем мечи, – неожиданно для себя самого заметил Элиас.

– Ну ладно, – примирительно махнул рукой страж, – спором делу не поможешь, только вот идти вам ещё предстоит, а еды у вас, как я вижу, нет. Не будь с вами стелара, я б так не расщедрился.

– Эй, Боуги, – крикнул он стражнику стоящему не верху башни, – спустись и принеси нам попить чего-нибудь, да прихвати со стола сыр с бараниной.

– А кто будет смотреть за дорогой и за голубем? А еды нам и самим мало – все никак не подвезут новую.

– За дорогой я присмотрю, а голубь никуда не улетит.

– Это мы голубя выпускаем в случае опасности, и он летит к укреплениям у входа в пещеры и предупреждает наших, – пояснил страж. – А знаете что, до укреплений у входа вы всё равно сегодня по этой дороге не дойдёте. Оставайтесь с нами до утра.

– Спасибо тебе, добрый стелар, – улыбнулась ему Миралайн.

Путников провели в башню. На втором этаже был небольшой зал освещаемый слабым светом из окон бойниц и несколькими тусклыми масляными светильниками которые сильно коптили. Там был обеденный стол и скамьи, куда все уселись и началась трапеза во время которой стелары развеселились, и стали петь песни о своей славной стране. Аркивасса подпевал им. Было уже за полночь, как стоящий на башне Боуги подал сигнал ударив в маленький колокол. Это означало, что кто-то ещё появился на дороге. Несколько стеларов тотчас поднялись на башню, остальные спустились вниз и Аркивасса спустился с ними.

Страж, дежуривший на башне, должен был подавать сигнал в случае, если на дороге появлялся кто-либо живой. Это была не основная дорога из Толкарры в Леттеран, но усидчивые и дотошные стелары охраняли большинство дорог, во всяком случае все те, по которым, как считалось, может пройти вьючное животное. Были, конечно, труднопроходимые тропы, да и не на каждом перевале можно выставить стражу, ведь регулярная стеларская армия вовсе невелика – это почти только стражи дорог и гвардия лорда короля. Но любой стелар может, как правило, владеть оружием: топором, секирой, шестопёром или боевым молотом. Есть у стеларов и боевые кирки – клевцы. Даже стеларские пастухи вооружаются арбалетами и рогатинами. Толкарра – страна горная, далеко не всюду обжитая и потому таящая разные сюрпризы.

Иногда стеларам приходиться отражать набеги стигийских пиратов, которые пытаются поживиться за счёт толкарских овец. Овец пытаются красть и варвары из леса василисков. Набеги эти иногда бывают успешными именно по причине того, что стелары не держат регулярную армию, которая бы охраняла границы. Их можно понять – им некогда – в горах всегда много дел. Регулярные отряды стоят почти только на дорогах страны, большой отряд охраняет и торговый круг, как называют стелары огромный базар на северо-востоке Толкарры, где они продают руду и многие изделия из железа, драгоценных камней и золота. Караваны из многих городов приходят туда, чтоб купить что-нибудь у стеларов, ведь те слывут непревзойдёнными мастерами, когда надо делать что-то руками.

Народ стеларов относительно немногочисленный, но каждый из них – воин. И, во всяком случае, каждый понимает свою меру ответственности за страну.

Потому все, бывшие в тот момент в сторожевой башне, так быстро перешли от трапезы к боевым постам и не смутились такой переменой.

По дороге шёл человек. Среднего роста, без оружия. Когда он приблизился стало ясно, что это юноша, очевидно бежавший из Леттерана.

– Тот, кто вступает на землю Толкарры, должен назвать своё имя, – начал страж.

От неожиданности юноша остановился и посмотрел на стелара. Судя по всему он только сейчас заметил башню и воинов рядом с ней. Юноша хотел что-то ответить, но неожиданно расплакался.

– Так, ладно, – сказал страж своим стеларам, – вижу, ему не до расспросов. Отведите его в башню и усадите за стол. Пусть согреется и поест.

Юношу отвели наверх, посадили к столу. Миралайн, как и всякий мираэл, не могущая пройти мимо горя живого существа, подошла к нему и, положив руки на голову юноши что-то ласково говорила ему на своём языке. Вскоре юноша успокоился, и его уложили спать прямо в трапезной зале. Неподалёку улеглись и те из стеларов, которые не несли ночную вахту, легли Аркивасса и Элиас. Миралайн села, прислонившись затылком к брусчатой стене. Элиас, уже засыпая, снова удивился тому, какие лица у мираэлов. Лицо Миралайн было всё словно в звёздном сиянии, едва уловимом, ускользающим от прямого и пытливого взора, но всё же явно присутствующим. В этом сиянии не было ни тени, ни смущения, и рядом с ним хотелось просто быть, потому, что откуда-то в сердце приходило дивное чувство, что, не смотря ни на что, всё окончится хорошо.

– Как жаль, что мираэлов в мире так мало. Если б их было много, возможно, одного этого хватило бы для того, чтоб никто из видевших их не шёл по ложным путям, – подумал Элиас.

Уже засыпая, почти сквозь сон, он заметил, что таким же светом сияет и сумка юноши, который себя не успел назвать.

Наутро их разбудила смена стеларского караула. Часть стеларов должна была продолжить стражу башни, а часть отправиться в подгорные пещеры Толкарры. Путникам стелары идущие в пещеры предложили отправиться с ними. Те согласились, потому что не представляли, куда, собственно, им теперь идти. Юноша, которому было уже явно лучше, решил пойти с ними. Аркивасса спросил откуда он и как его зовут.

– Эра́йа Гло́пен. Из Леттерана. А лет мне девятнадцать. Назван я в честь генерала Воинов света, – гордо добавил он.

– А кто это? – Спросил его Элиас.

– Разве ты не слышал, что с Зармаром уже воевали? – Удивился Аркивасса. – Ты не слыхал историю о Воинах света? Это было много столетий назад. Один мудрый и опытный леттеранский лорд сумел собрать большую армию и двинулся в поход на столицу Зармарской империи – Лавион. Две армии, которые, одна за другой, выдвигали против них зармарцы, леттеранские воины света, как они себя называли, легко разбили, благодаря военному искусству лорда полководца. Но чем дальше они продвигались по территории империи и чем ближе подходили они к Лавиону, тем больше рукотворной красоты видели они вокруг себя, и тем нелепей казалась им война с такой просвещённой страной, как Зармар. А у стен Лавиона им явился Сет и сказал, что не война, а мир с Зармаром принесут земле то благоденствие, которое они видели вокруг себя, пока шли по землям империи. И воины света просили принять их в Зармар. Именно они и построили Ньюлл… Их предводителя и полководца звали Эрайа…

— Он так и не стал Эрраэном[4] — медленно признесла Миралайн.

Эрайа Глопен очевидно совсем пришёл в себя после ночных приключений и стал возражать Аркивассе.

— Мы, в Леттеранском университете, иначе понимаем произошедшее с воинами света. Мы как раз уверены, что они нашли наилучший путь, объединив свои усилия с Зармаром и став, наконец, цивилизованными людьми.

— Эй, ты что, зармарцев любишь? — Возмутился страж башни.

— В университете я писал диплом о превосходстве зармарского образа воспитания над всеми другими воспитательными системами.

— А чем их система лучше нашей? — Спросил страж.

— Дело в том, что зармарцы, родив детей, помещают их в особые дома где за ними смотрят те, кто специально этому обучен, потому, что считается — только специалист может вырастить ребёнка правильно. Из детей так же готовят специалистов какой-либо области знаний и умений. А потом они принимают подданство Зармара, и им разрешено возвращаться к родителям если только дети сами этого захотят.

— И тебе это нравится? — Спросил страж.

— Очень! Именно такая система позволяет растить настоящих людей.

— Настоящих зармарцев, — поправил его Элиас.

— Ну да, а ведь это и есть настоящие люди, высшая раса, похожими на которую мечтал стать почти любой в нашем университете.

....

[4] Игра слов. На языке мирайа слово «Эрайа» означает человека, живущего не зная смысла своей жизни, своего предназначения. Антоним этого слова: «Эрраэн», что означает «страданиями приобрётший мудрость».

— Но они захватили твой родной город, — обратилась к Эрайе Миралайн.

— Госпожа, воины неизбежны в нашем несовершенном мире. И к тому же Леттерану суждено было пасть. С такими устаревшими представлениями о жизни как там долго не протянешь.

— Ты, очевидно, имеешь совсем другие представления о жизни, — хмуро заметил Аркивасса.

— Конечно, да и согласитесь со мной, когда над миром установится одна власть, то наступит, наконец, долгожданное благоденствие среди всех народов земли.

— Ты забываешь, что за Зармаром стоит Сет. Власть Зармара будет властью Сета, хочешь ты этого или нет; сказала ему Миралайн.

— А я вполне уважаю Сета, — разозлился Эрайя. — по крайней мере он — единственный из Арринов, кому есть дело до земных и понятных нужд этого мира.

Стелары остановились. Страж башни выхватил секиру и замахнулся на юношу, но вдруг неожиданно Миралайн стала между стеларами и Эрайей и сказала: «Нет, добрые воины. То, что он говорит, говорится им от незрелости ума. Он — поклонник зла о котором не имеет никакого представления, и это зло, если бы встретилось с ним, не пощадило бы и его. Но мы должны друг друга щадить. К тому же зло не успело испортить его окончательно. Не трогайте его».

— Только ради вас, госпожа, — страж башни недовольно спрятал секиру, — но пусть воздержится от подобных разговоров там, куда мы идём, или ему несдобровать.

И они отправились дальше к подгорным пещерам. Эрайа был не доволен что за него вступилась женщина.

— Я и сам могу за себя постоять, — тихо бурчал он, — да и что мне смогут сделать эти коротышки.

По дороге им встретилось несколько стеларских отрядов. Те спешили укрепить приграничные территории и дороги. Путники не останавливались. Эрайа шел молча. Молчала и Миралайн. Зато Аркивасса и Элиас принялись спорить: что они будут делать в пещерах Толкарры. Ни до чего не договорились, как вдруг стаж башни предложил им погостить у него.

– Давно у меня не было гостей, – сказал он.

Они легко миновали врата, ведущие в пещеры и охраняемые большим стеларским отрядом. Тут считалось, что путешественников должен опросить сторожевой заслон и нет нужды в повторном опросе, тем более, что большая часть идущих была стеларами, а Миралайн стражи ворот приняли за человека. Пещеры были широкими, на верхних ярусах освещённые светом из окон бойниц, а на нижних – множеством маслянистых факелов. Это был настоящий подземный город, существовавший уже не одну тысячу лет. Пещера, где жил страж башни, находилась на верхнем ярусе рядом с двумя огромными лестницами ведущими в рудную и золотую шахты.

– Да, местечко тут шумное, – сказал страж путникам, – зато не соскучишься – всегда кто-то ходит и что-то носит.

Элиасу и Миралайн было не по себе в пещерах. А Аркивасса, наоборот, радовался.

– Какое чудесное место, – говорил он. – Как тут восхитительно сыро! А какое эхо! Нет, по-настоящему спокойно ощущаешь себя только в сердце горной гряды! Какие бы враги не приходили в мир они все обломают себе зубы о наши горы.

В пещере стража было не слишком уютно. Большой стол вырезанный прямо из камня, факелы на стенах, только кровать была деревянной и скамьи тоже. В углу были свалены рабочие кирки, арбалет, доспехи и какие-то хитрые инструменты. Гости уселись на длинные лавки. Один Эрайа не садился, а когда ему предложили сесть, сказал, что у него есть дела поважнее. Он подобрал сумку и вышел из пещеры.

– Куда это он? – С тревогой спросила Миралайн как бы саму себя.

– Не тревожьтесь, госпожа, не уйдёт, – отвечал страж, не пойму, право, чего вы с ним так возитесь.

– Важнее сейчас решить, что нам делать дальше, – сказал Аркивасса. – Я предлагаю всем поселиться в Толкарре, похоже, что надёжнее убежища нам не найти.

– А я хотела бы вернуться к своему народу, сказала Миралайн, только не знаю, как это сделать.

– Вот вы на меня кричали, а я сейчас вам помогу, – сказал внезапно вошедший Эрайа Глопен. – В университете я нашёл одну древнюю рукопись, где говорится о том, что надо сделать, если надо спросить совета. Пойдёмте со мной.

И он вышел из пещеры.

– Это просто, – продолжил он, – я об этом читал в древней рукописи. Если начертить в воздухе круг, а в кругу глаз и позвать на помощь Сета, то он, конечно, пошлёт своего слугу, а вам, я вижу, сейчас как раз помощь нужна.

И, прежде чем кто-то из присутствующих успел что-то сказать, Глопен начертил в воздухе круг с глазом и крикнул: «Марраг!».

– Что ты делаешь! – воскликнула Миралайн.

– Ничего не будет, он же не зармарский жрец, – крикнул в ответ Элиас.

Как вдруг всех стоявших, включая и Эрайу Глопена, коснулся ледяной ужас. Эрайа не мог и пошевелиться от страха, страж башни закрыл голову руками. Из пещеры, откуда они только что вышли, выступил марраг – весь в чёрном, капюшон накинут по глаза, иссине-чёрный меч на поясе.

Аркивасса упал на землю, уткнулся лицом в каменный пол и закричал: «Нет!».

Марраг двинулся к Эрайе, который весь посерел от ужаса. Но внезапно на пути маррага стала Миралайн. И марраг остановился. Он потянулся к мечу, а потом протянул руку к деве мираэлов и заговорил. Мрак обречённости был в его голосе, но и мощь неземного страха:

– Тебе не выстоять против меня, – сказал ей марраг.

– Уходи, – ответила ему Миралайн.

Элиас стоял рядом. Ему показалось странным, что тёмное существо не обнажает меча, ведь Миралайн была безоружна. Но что-то в ней сдерживало маррага, и не давало ему приблизиться. Элиас не знал долго ли сможет Миралайн сдерживать этого чудовищного в чёрном, но страх за неё превозмог в нём страх за собственную жизнь. Он схватил Миралайн за руку и быстро оттащил в сторону. От неожиданности она не сопротивлялась. Марраг тут же подошел к Эрайе и, вытащив свой чёрный, весь покрытый какими-то надписями меч занёс его над головой юноши. Эрайа загородился сумкой, что, конечно, не могло быть защитой. Марраг решил одним ударом разрубить и сумку и Эрайу Глопена. Всё произошло очень быстро. Меч маррага уже коснулся сумки, когда неожиданно сумка распалась на части, и что-то в ней засияло, своим сиянием безмерно превозмогая тьму, исходившую от маррага. Тот глухо вскрикнул, завернулся в плащ, обернулся вокруг себя и исчез.

Аркивасса медленно встал. Элиас, поражённый, смотрел на предмет, остановивший маррага. Это был большой драгоценный камень по форме напоминающий человеческое сердце. Камень тихо сиял неким неизреченным сиянием, похожим, как показалось Элиасу, на сияние лица Миралайн.

– Что это? – дивлённо спросил Аркивасса.

— Это квиалор[5], — сказала Миралайн.

…Новости в Вековечных горах распространяются не слишком быстро, но к вечеру следующего дня верховный лорд король уже знал о том, что камень, который некогда звался сердцем Толкарры, снова появился в его владениях. Миралайн, Эрайе, Элиасу, Аркивассе и стражу башни Бунку было приказано явиться в чертог лорда короля. Их никто не сопровождал. Они прошли по многим пещерам и переходам, поднимались по гигантским лестницам и проходили витыми террасами, пока, наконец, не вошли в огромную залу, поддерживаемую толстыми резными колоннами. На другом конце залы стоял высокий золотой трон с искусными узорами из драгоценных камней. Лорд король сидел на нём, а вдоль стен залы стояли стелары в полном боевом доспехе, с круглыми щитами, закинутыми за спины и боевыми топорами в руках. Рядом с королевским троном стоял советник-мудрец. Неподалёку были молодые безоружные стелары. Они держали подносы с едой, которую по обычаю король предлагал гостям, но ели её, снова-таки по обычаю, не за столом, да и стола не было в рядом с троном, а на весу.

Аркивасса и Бунк перед входом в тронный чертог сложили оружие, с оружием входить было нельзя по древнему правилу Толкарры. Аркивасса и Бунк приветствуя лорда короля встали на одно колено, Элиас поклонился, Эрайа, никогда не бывший прежде на таких приёмах, растерялся и не знал, что ему делать.

Миралайн произнесла:

---

[5] Квиалор — камень, явленный миру Элиан Златовласой после её знаменитого противостояния Сету. Название камня переводится на всеобщий как «Самый дальний берег» в значении блаженной земли, небесного города мираэлов, или места, где исполняется надежда.

– Приветствую тебя, о король.

– Мы пришли по твоему зову, – добавил Аркивасса.

– Ты мираэл? – спросил король Миралайн.

– Да.

– Значит, это ты принесла камень в Толкарру?

– Нет, король, – отвечала ему Миралайн, – никто из мираэлов не знал, где хранится великий пламень квиалор.

– С вашего позволения, – начал Эрайа Глопен, – камень был у меня.

– Но откуда? – Поразился лорд король. – Ведь ты не воин и не волшебник, и вообще никто. Откуда же у тебя камень?

– Точно он и сам не знает, – отвечала за него Миралайн. – Он говорит, что камень давно хранится у него в доме, был передан ему бабушкой на его шестнадцатилетние. Откуда камень взяла бабушка – можно только гадать. Но ни бабушка, ни он не знали, что это – квиалор.

– Так как же ты смогла узнать, что это за камень? – Спросил король.

– Этот камень есть утверждение ненапрасности каждой истории и хорошего конца для всего добра на земле. И хотя он появился на свет благодаря стеларской деве, но являет собой ту веру и ту надежду которые были когда-то общими для всех перворождённых ещё до того, как мир разделился на мираэлов, людей и стеларов. Эту надежду подарили нам Аррины, а они научились ей от Сайлора. Именно поэтому Сет так ненавидит этот камень и не выносит его – ведь он уверен, что хороший конец может быть только у путей зла. Он пытается доказать Сайлору, что весь мир создан напрасно и само бытие его является ошибкой, потому что никто в нём не может удержаться на высоте добра. Пламень же квиалора несёт совсем иное знание и утверждает собой надежду.

— Значит ни Сет, ни его слуги не смогут явиться сюда, пока камень в Толкарре? — Спросил её король.

— У Сета ведь много слуг, и не все из них боятся этого света — многие его просто не чувствуют, как, например, зармарцы. По странному совпадению тот случай, который открыл местонахождения камня нам, открыл его и Сету через его слугу. А Сет хорошо знает этот камень, потому что однажды уже бежал от его сияния, точнее от сияния ненапрасности заключённого в нём.

— Сет пришлёт за камнем своих слуг? — Спросил король.

— Не тех, самых страшных, не маррагов, ведь они могут являться только там, где их зовут и к тому же они не выносят света, заключённого в квиалоре. То, что для нас есть радость, для служителей тьмы только жгучий огонь. Но есть у Сета и слуги, которые не боятся камня. Это зармарцы, да и не только они, ведь Леттеран, как ты, наверное, знаешь, погубили не зармарцы, а люди, которые выбрали даже не Сета, а спокойную жизнь по образу любимого ими зармара. Как ни печально тебе будет слышать об этом, о, король, но теперь стеларам не удастся спокойно жить в Вековечных горах, как в прежние столетия. Теперь, когда Сет знает, где камень, его удар будет нанесён именно сюда.

— Но зачем Сету этот камень, если он не может к нему даже приблизиться? — Не выдержал Бунк.

— Чтоб уничтожить его. Пока в мире что-то напоминает о ненапрасности жизни и светлом конце для сил добра, он не может вынести этого напоминания. Он стремится погасить всякий свет в мире, и тьма уже разлилась кругом, но она не всесильна, и, мы верим, никогда не будет всесильна.

— Недобрые вести принесли вы нам, — вздохнул король. — Значит, войны не избежать. Ну что ж… Толкарра крепка не только горной грядой, но и нами. Будем последним оплотом добра, а когда мы падём под ударами зармарских армий, с нами погаснет последний свет.

– Нет, не так, – возразила королю Миралайн. – В мире есть ещё немало светлых людей и мест, далеко не все предались Сету и мы должны подумать о них. Если камень и вправду достанется врагу, то надежда в мире угаснет, потому, что он уничтожит камень.

– Так в чём же тогда ненапрасность о которой говорит квиалор? – Спросил Элиас.

– До конца это познала одна только Элиан, – отвечала Миралайн. – Но мне известно одно древнее предание которое хранится среди мираэлов. Что если кто-то, носящий в себе тот же пламень, что заключает в себе и квиалор, окажется на том же месте, где камень явился в мир, то он узнает, что нужно сделать для того, чтобы обещаемая квиалором ненапрасность стала достоянием всего мира и причем так, что никакое зло уже не сможет поколебать её. В тёмной башне явился на землю квиалор, и явился вопреки тьме. А это значит, что и всякий, носящий в себе пламень творения, если только дойдёт до предела боли (а светлому быть среди тьмы очень больно) – то и ему откроется, почему ненапрасен наш мир. В этом наша надежда.

– С вашего позволения, о, король, – начал стоявший у трона советник, – дева мираэлов своими рассказами смешит нашу старость. Она говорит, что нужно идти туда, где явился в мир камень и там может быть кому-то что-то откроется о надежде. Но ведь из старых книг известно, что камень Элиан принесла из Стелфаррака, тёмной башни Сета, где живут только Враг и его марраги. Туда нет дороги ни для стелара, ни для мираэла. Никто не выйдет живым из крепости маррагов.

– Сет там не живёт, – возразила ему Миралайн. – Сет там бывает. А вот марраги действительно там. Но будем надеяться, что их отгонит свет квиалора.

– Ты так говоришь, словно кто-то собрался туда идти, – усмехнулся король. – А между тем ни одно нормальное существо не пойдёт в Стелфаррак.

– Я пойду, – неожиданно для всех сказал Эрайа Глопен. – Вот вы тут говорили о том вреде, который причиняет Сет – но я в это не верю. Сет – благодетель тех народов которым он покровительствует. Возьмите хотя бы ту же зармарскую империю – где ещё люди живут так хорошо, как там? И я хочу увидеть благодетеля мира. Его слуги, марраги, о которых вы говорите, судя по всему нехороши, но не он сам. Он несёт миру процветание и прогресс, и я хочу его видеть, чтоб восхититься тем, кто так много сделал для всех нас.

– И я пойду, – сказала Миралайн. – Очевидно, так уж сплелись судьбы мира, что и мираэлам придётся действовать не таясь, впрочем, все светлые силы в мире всегда действуют незамеченные миром.

– И мы пойдём, – сказали Аркивасса и Элиас.

– Я, – объяснил Элиас, – до встречи с мираэлами, никогда не чувствовал в себе такого, будто вижу с необыкновенной чёткостью самую суть вещей. Но мне кажется, что это ещё далеко не всё, что можно понять, находясь рядом с мираэлом.

– О, король, – начал советник, – это безумие – выпускать камень из Толкарры и идти с ним прямо в лапы Сета. Да ещё в такой странной компании, – советник покосился на говорящих.

– Да, вы и не пойдёте, – сказал король. – Путь слишком сложен. Стелфаррак находится на северо-западе Зармарской империи, туда не ходят даже сами зармарцы, разве что жрецы Сета. А вы хотите идти туда вчетвером. Всего два воина, дева и мальчик.

– Но ведь и стелары, даже если они соберутся от четырёх пределов мира, не пробьют дорогу к Стелфарраку, –

произнесла Миралайн. – А там, где не управиться войско, бывает, управляется кто-то один, если он старается за всех.

– К тому же, если нас ждёт война с Зармаром, легче будет стеларам, если камень, зовущийся сердцем Толкарры, не покинет её, – сказал советник.

– Советник прав, – задумчиво произнёс король. И внезапно сказал, – покажите камень.

Эрайа осторожно вынул квиалор из большого нагрудного кармана. Тихий свет квиалора осветил лица стоящих рядом людей, стеларов и мираэла. Свет этот был необычным, он не слепил глаза и не отбрасывал теней. Вообще все тени исчезали перед этим сиянием. Элиас ещё раз удивился, как этот свет похож на саму Миралайн. Стеларам было просто хорошо в его лучах. Один только Эрайа Глопен был недоволен – ничего хорошего он не ощущал, свет только резал ему глаза и мешал как следует разглядеть окружающее.

– Хорошо, – сказал, наконец, король, – будь по-вашему. Я не хотел отпускать ни вас, ни камень, но в этом сиянии нельзя решить по-другому. Словно что-то говорит мне, как я должен поступить, и показывает неверность всякого неправильного решения.

Эрайа спрятал камень. Миралайн вздохнула.

– Но Стелфаррак слишком далеко, – начал советник, – им просто не дойти, погибнут и они и камень.

– Знаете, обратился ко всем Аркивасса, в этом сиянии я понял одно – может мы и не дойдём, но выступить мы должны, потому что только так будет правильно.

– И всё же, не будем спешить, – сказал король, надо обдумать, по какой дороге вам лучше выступить.

– Отпустив их вы поступите против здравого смысла, – возмутился советник.

– Знаешь, сказал ему король, я только сейчас ощутил, что здравый смыл - это не всегда правильно, потому что за ним лежит что-то ещё, и перед этим чем-то здравый смысл всего лишь одна из волн мирового океана, но не весь океан. Но, чтоб увидеть это, надо, как я понял, не пытаться измерить океан одной волной и происходящее одним только здравым смыслом.

– Как странно вы стали говорить, о, король, – изумился советник.

– Я и сам не ожидал, – признался король Орбур. – Но квиалор пробудил во мне что-то такое, как будто долго искал родину не зная, какая он, а теперь – узнал. Только вот его, и король указал рукой на Эрайу, вам брать с собой не надо. От того, кто предан Сету, можно ждать одной только беды.

– Но именно он явил миру утерянное сокровище, – сказала Миралайн. – Он ещё не пленён Сетом и что-то подсказывает мне, что он тоже должен идти. На радость или на беду – но он участник нашей общей дороги.

– Тебя хорошо слушать, – улыбнулся король. – Будь по-твоему. Но говорю вам ещё раз – не спешите выступать в поход, сперва надо всё хорошо обдумать и взвесить.

ЛЕС ВАСИЛИСКОВ

Когда читаешь хорошую книгу, то хочется возвращаться к ней ещё и ещё. Потому что за словами открывается большой мир, явивший ещё одну свою грань через эту книгу. А если книга очень хорошая, то она похожа на жизнь как если бы посмотреть на неё сразу и одновременно и увидеть её не из отдельных частей и проявлений, а целиком.

Король Орбур не случайно призывал их не спешить. Нужно было изучить карты тех мест где им предстояло пройти. Путники готовились к походу. Толкарские ткачихи сшили для Миралайн новый наряд, не так бросавшийся в глаза. Такой, какой обычно носили люди. До того Миралайн была одета в серебристо-зелёное платье с длинными рукавами, а на плечах у неё был тёмно-зелёный плащ с отливом. Теперь ей дали длинную бордовую рубаху и сероватую юбку. Плащ, данный ей стеларами взамен мираэльского был серовато-зелёный, с островерхим капюшоном. Так она могла бы сойти за человека в землях, где им предстояло пройти.

Они решали, как лучше выступить в поход: в обход Леттерана или через Лес Василисков.

Аркивасса и Элиас спорили. Миралайн как всегда полагалась на обстоятельства, которые, как она верила, сами должны были указать верный путь. И обстоятельства не заставили себя ждать. К середине мая в Толкарру явились послы из Леттерана. Послами были зармарцы. Они предлагали стеларам дружбу с новой самоуправляемой частью зармарской империи – городом Леттераном, предлагали доброе расположение правителей города – Скибы и Вима, предлагали новый выгодный торговый союз, а взамен просили только камень прозванный сердцем Толкарры, просили квиалор, который «как стало известно нам у вас есть». Этот камень явился в мир на территории Зармарской империи и принадлежит зармарцам. Возвращение камня приведёт к благоволению самого зармарского императора Джога Каэр Юзвена Четвёртого. Империя требует поторопиться с ответом и предупреждает, что отказ будет расцениваться как оскорбление императора со всеми вытекающими отсюда последствиями. Империя настаивает.

– Стелары сами решат, как им поступить. Никто не может принудить их к какому-то решению, – отвечал стеларский король Орбур.

– Как и Леттеран, никто не мог ни к чему принудить, – сказали послы, – поэтому советуем тебе обдумать свой ответ, как бы он не был последним твоим королевским решением.

Орбур сказал, что ответит через три дня. Он обратился к советнику и воеводам. Советник предлагал подумать о будущем страны и отдать квиалор империи: «Всё равно мы не сдержим неистовых зармарцев, а так будем иметь соседа, пусть и ненадёжного, но и не идущего на нас войной». Воеводы говорили, что камень выдать нельзя, как нельзя отдать своё сердце. Когда прошли три дня и зармарцы спросили, каким будет ответ короля, тот попросил дать ему ещё три дня. О том, каков будет его ответ, все могли только догадываться.

Неожиданно к путникам явился стелар и попросил поговорить с ними. Было видно, что дело серьёзное.

– Я бывший лорд Леттерана Эктор, – представился он. - Я бежал в Толкарру и король Орбур сделал меня своим воеводой так как я - опытный воин. Я знаю о вашем походе и хочу идти с вами, потому что вам понадобятся воины, а я поклялся отомстить зармару. Но выступать надо немедленно, потому что Орбур решил, как я понял, отдать камень зармарцам, но, может быть и так, что он оставит его себе. В любом случае с камнем вас из Толкарры не выпустят. Идёмте со мной. Я знаю подгорные дороги и выведу вас к солнцу с восточной стороны Вековечных гор.

Миралайн тут же стала собираться. Аркивасса и Элиас тоже. Эрайа был недоволен что его разбудили, но ему объяснили, что у них хотят отобрать камень и поэтому надо спешить. Тогда он встал и начал собираться вместе со всеми. Они вышли в боковой проход и Эктор повёл маленький отряд коридорами и тоннелями. Когда же король Орбур отдал приказ отобрать камень у путников, они были уже за пределами обжитой части подземного города и быстро шли на восток. Король вначале не мог поверить, что они исчезли, отдал приказ разыскать их, но никто не знал, где искать. Не связали их бегство и с исчезновением Эктора, которое обнаружилось значительно позднее. В итоге король Орбур был вынужден сказать зармарцам, что камня в Толкарре нет. Те не поверили и обещали, что император Джог Каэр Юзвен Четвёртый будет негодовать и не оставит этого дела так просто. А путники тем временем шли по восточной стороне гор, которые должны были смениться Лесом Василисков.

Спускались в низину молча. Когда подходили к лесу, Миралайн спросила: «Что это за места и кто здесь живёт?».

— Разве госпожа не знает об этом? — удивился Элиас.

— Мы ведь не путешествуем по восточному континенту, — отвечала Миралайн, — и далеко не всё знаем о мире.

– Живёт тут много кого, – заметил Аркивасса. – В глубине леса попадаются варвары, которые сами себя называют василисками, отсюда и название леса. Говорят они на своём языке, только некоторые из них могут изъясняться на всеобщем, да и то с трудом. С Толкаррой они не враждуют, но и не дружат, хотя не прочь поторговать со стеларами, когда чего надо. А ещё тут живёт народ, который называет себя лорды леса.

– Бездельники, – вставил слово Эктор.

– Я бы не назвал их бездельниками, – заметил Элиас. – С твоего позволения, госпожа, я расскажу тебе об этом народе, хотя люди о них знают немного.

– А стелары и не хотят знать, – пробурчал Эктор.

– Все лорды леса когда-то были людьми, – продолжил Элиас. – И все они, ещё будучи людьми, искали подлинного смысла и красоты. То, что они видели вокруг себя в людских городах, удовлетворить их не могло, и они бежали в лес василисков. Лес удлиняет их жизни, до трёхсот лет живут они на земле и всё это время пытаются постичь, в чём заключена настоящесть мира, и как нужно жить на самом деле, чтобы исполнить своё предназначение.

– Я же говорю, бездельники, – снова заметил Эктор.

– Говорят, они все ищут предназначение и смысл, но до чего они дошли в своём поиске – этого люди не знают. Многие лорды – музыканты и поэты, к тому же они хорошо рисуют и поют. Сами себя они называют форостéлами, что на твоём языке означает «лорды деревьев».

– На моём языке нет такого слова, – заметила Миралайн.

– Странно! – удивился Элиас, – лорды ведь часто пользуются мирайей. Живут они поодиночке, хотя могут и собираться вместе. Иногда они создают семьи, но дети у них, как я слышал, все рождаются только людьми и никак иначе.

– В общем, они поют песни, смотрят на звёзды и пытаются слушать, что говорят деревья, – сказал Эктор. – Толку от них никакого, но с другой стороны я никогда не слыхал и то том, чтобы эти слюнтяи напали на кого-то, ограбили или убили. Что ни говори, а живут они мирно и опасаться их нечего. Если и говорить о ком, так это о хозяине леса.

– Разве у леса есть хозяин? – спросила Миралайн.

– Ну, в общем-то, он тут не хозяин и никто ему не служит, но он сам себя так зовёт, и с ним лучше не шутить. Впрочем, он тут появляется не часто.

Эти слова произнёс высокий человек в зелёной куртке вышедший с одной из боковых тропинок. За спиной у него была перекинута вязанка хвороста, перетянутая крепкой и толстой верёвкой. На поясе висел топор.

– Ты кто такой? – спросил его Эктор.

– Хороший вопрос. Его задала мне моя жена Элис, когда я выпил лишнего. Впрочем, я трактирщик и живу в этом лесу. Мой трактир называется «Поющая стрела» и он совсем недалеко отсюда. Все здешние жители его знают, даже лорды леса заходят к нам. Вам, я вижу, предстоит дальняя дорога. Так почему бы вам не отдохнуть в моём трактире?

Лорд Эктор с сомнением покачал головой:

– Ни о каких трактирах в лесу мы не слышали.

Но Аркивасса с ним не согласился:

– Мы много о чём не слышали, а здешних дорог мы не знаем совсем. Может, там выясним, куда идти дальше, да заодно и восстановим силы после перехода.

– А кого ты назвал хозяином леса и почему с ним лучше не шутить? – спросил трактирщика Эрайа.

– Я говорил о Гархарадо́не. Драконе с драконьей горы. Шутить с ним не стоит именно потому, что он дракон и не понимает ничьих шуток, кроме своих собственных.

– Неужели настоящий дракон? Откуда он взялся и что тут делает?

– Драконы – создания Сета, – пояснила Миралайн.

– Вот как? – озадачился трактирщик. – Я знаю только, что драконы – существа своевольные и никому не служат. А Гархарадон к тому же причинил горе многим людям и форостэлам. Живёт он далеко за лесом, в горной пещере, но летает сюда потому, что, по какой-то причине, возомнил себя хозяином здешних мест и их смотрителем. Лес, конечно, велик, но вредит он, бывает, изрядно.

– И что, никто из воинов не пытался убить дракона? – спросил Эрайа.

– Это не так-то просто, если ты хоть что-то смыслишь в драконах. Но, я думаю, что это и не невозможно.

За беседой они вышли на большую поляну. Деревья здесь расступались, образуя почти ровный круг, а с краю поляны стоял двухэтажный деревянный дом. Над входом была надпись на всеобщем языке «Поющая стрела», внизу было приписано на мирайе «Venir linaveo ving», что означало так же «Трактир поющая стрела».

– Разве тут у вас кто-то знает мирайю? – удивилась Миралайн.

– Это моя жена написала, Элис, специально для лордов леса, ведь те хотя и не говорят на древнем языке, но известно, как его любят.

На порог вышла девушка невысокого роста с каштановыми волосами.

– Иррáвýр! Где ты запропастился! – крикнула она.

– А это и есть моя жена, – довольно произнёс трактирщик. – Прошу, входите. И, обращаясь к ней, сказал, – видишь, дорогая, у нас гости.

— Вы как раз вовремя; — приветливо улыбнулась Элис, — сегодня вечером в некаминном зале будут петь лорды леса. Если вы, конечно, любите слушать песни, то лучше вам нечего и желать.

— Песнями сыт не будешь, — сказал ей Ирравур. — поставь-ка на стол нашим гостям чего-нибудь поесть.

В зале, который трактирщик назвал каминным залом, сидело несколько человек в грубых одеждах из кожи. У стены стояли их копья. Лица этих людей были раскрашены полосами красной и белой краски. Увидев вошедших, они принялись громко обсуждать что-то на незнакомом языке.

— Это василиски, — пояснила Элис. — Дикий народ, но когда лорды леса собираются петь свои песни то всегда приходят и слушают. Только тогда они ведут себя тихо, а так очень шумны.

Путники расположились за столом, а Элиас решил осмотреться и вошёл в комнату, которую трактирщик назвал некаминным залом. Тут стояли скамьи и табуреты, а в углу был стол где стояли подсвечник, цветы в деревянной низкой вазе и книга.

«Записки некаминного зала» — прочёл Элиас.

— Это лорды леса пишут сюда, что кому в голову придёт, — сказала Элиасу вошедшая жена трактирщика. — Когда они сюда приходят, это их зал. Тут они говорят о разных интересных вещах, или сидят и тоскуют.

Элиас открыл книгу. Это действительно были записи разных лиц, короткие, и, как он заметил, грустные:

«Я слепил глиняную сову, а она не летит. Сидит и ждёт, пока кто поверит в её крылья».

Многие записи укладывались в три строки:

***

Чучело барсука
Из сожжённого леса
Тоскует – кому присниться?

***

Разве ты всё это слышал и знал
Чтобы сейчас
Сдаться?

***

Я ведь чувствую–
Свет так рядом
Просто я вне его.

***

Как же нам расставаться
Там, где всё существует
Для встречи?

***

Как мне высказать
Красоту совершившуюся
В сердце твоём?

***

Вся тоска
Ничего не сможет
Там, где я видел тебя.

Записей было много, но было и много пустых листов. Внимание Элиаса привлекла одна надпись, сделанная недавно.

«Сегодня нашему сыночку было бы уже семь лет, если б его не унёс дракон». И подпись – Элис.

Элиас закрыл тетрадь и огляделся. «Странно», – подумал он, – что я вообще отправился в это путешествие, ведь я никогда не был ни сильным, ни смелым. Ни отваги во мне нет, ни мужества, да и той великой духовной силы, которую имели герои древности, у меня тоже нет. И всё же я чувствую, что должен идти. Внутри меня словно гранитный столп, на котором написано «так должно быть» и если чуть-чуть сдвинуть этот столп и не послушаться этого должного, то и вся жизнь становится, словно бессмысленной, потому что вся вселенная тебе говорит тогда, что живёшь не так. И потом, я не могу теперь не следовать за Миралайн, потому что её народ наяву воплощает то, о чём тоскуют и поют лучшие сказители и поэты. Словно сказка ожила, стала безмерно значимой и совершается наяву, а ты что-то значишь, прежде всего, потому, что сказка берёт тебя в себя. Только это не сказка. Как жаль, что мир не знает о мираэлах довольствуясь только базарными россказнями о них, а древние сказания о светлом народе встречая равнодушием. Впрочем, красота мираэлов сокровенна, и не всякий её увидит. Древний высокий народ! Как тосковал я по вам, когда нёс труды в Леттеранском университете. Как радовался, когда находил древние рукописи, где были сказания о вас. А увидеть вас – я даже и не мечтал. Но то, что я увидел, оказалось даже больше того, что я себе представлял. Эту красоту Миралайн явно ощущает весь мир: деревья тянутся к ней, животные идут к ней так, будто находят в ней утешение. Впрочем, она и есть утешение всех нас. Посреди бури и войны она словно звезда, которая спустилась с неба, чтобы указать путь тем, кто не знал пути. Можно сказать, что она и есть этот путь, она или то сияние, которым она полна».

Размышления Элиаса прервали подошедшие Арквасса и Эктор. Вслед за ними в комнату вошли Ирравур, Эрайа и Миралайн. Подошли и василиски. Все расселись на скамьях, расставив их вдоль стен, а Ирравур объявил:

— Сегодня нашу поющую стрелу посетят форостелы, и по своему обычаю они споют нам песни.

Василиски одобрительно зашумели и принялись отбивать ладонями по скамьям в такт какую-то мелодию. Ждать пришлось долго. Ирравур зажёг свечи, помещённые в несколько цветных фонарей, которые освещали некаминный зал. Элис принесла ещё цветы, и расставила их в вазы по углам.

Уже вечерело, но все ждали. Только Эрайа скучал и несколько раз говорил, что в песнях каких-то лесных жителей не может быть ничего интересного. Эрайю удивило терпение, с которым варвары ждали услышать песни. «Странный народ», — подумал он, — и действительно — что они поймут в этих песнях и что в них найдут, если они и на всеобщем почти не говорят». Наконец в зал вошли лорды леса. Они были высокими и стройными, двое темноволосых, один светловолосый и один рыжеватый. Одеты лорды были в длинные зелёные рубахи с широкими рукавами внизу оканчивающиеся вырезанными треугольниками. Тёмные шнурованные штаны и высокие сапоги. На спине у них висели луки с колчанами, лорды леса сняли их и поставили вдоль стены. Один из лордов кивнул трактирщику, достал из чехла висевшую за спиной лютню, сел на скамью рядом со столом и, повернувшись лицом к центру зала, сказал:

— Сегодня наш день песнопений, dej oaréne, и мы рады всем, кто пришёл сегодня разделить наш праздник. Мы пришли сюда так же потому, что известная нам госпожа

Элис ждёт от нас многих ответов. К сожалению – ответов у нас и наших песней, как и в день нашей первой встречи, нет. Но мы верим, что ищущий обязательно отыщет ответ, только бы он не бросил искать. Песня моя называется «A miristel' forostelion»[6]

> Когда завершатся чертоги дня
> Когда рассвета устанем ждать
> Кому тогда хватит сердец огня
> Чтобы о самом важном узнать?
>
> И кто захочет вперёд идти
> Когда метель заметёт следы
> Тех, кто прошел до конца пути
> Тех, кто рассвет отыскал в пути.
>
> И я не знаю, где он нас ждёт
> Рассвет, которого ищем мы
> Но только верю, что он придёт
> Словно весна посреди зимы.
>
> Не удивимся ему тогда
> Ведь все мы – часть рассвета того
> И потому он к нам навсегда
> Придёт, хоть не знаем совсем его.

Пока он играл и пел, все, даже и василиски, притихли и слушали. Элиас видел, что лорды леса не скрываются за слова песни, но поют о том, о чём болит их душа. Песня увлекала за собой, но не радовала, звала, но оставляла в

---

[6] С диалекта лордов леса это переводится примерно как «поиск подлинного смысла бытия народом форостелов».

недоумении. Когда песня окончилась, лорды некоторое время молчали, как бы вслушиваясь в тишину, которая ещё была пронизана уже отзвучавшей музыкой. Наконец другой лорд, которого, как шепнула Элис, звали Арнэалѝн, сел на скамью у стола. В руках у него была флейта и он пел несколько строк своей песни, потом играл на флейте вслед песне, потом снова пел и снова играл. Песня его была такая:

Я не знаю ещё, что сказать обо всём,
                      что случилось на свете
Неотмщённых деяний зла слишком много ещё на земле
И так часто нам кажется даже, –
                      во мраке не выстоять свету,
Только свет не угаснет во всей торжествующей мгле.

И не будет того, чтоб сиянье его оказалось напрасным
И не будет того, чтоб его не воспрѝнял никто
Даже сердце такое, с которым случилось ненастье
Это знает, как если бы высшие
                      силы ему рассказали о том.

Когда он окончил, лорды снова надолго замолчали. Элиасу слышалась в пропетой песне великая тоска этого народа о настоящести и свете, чувствовался мучительный поиск который томил душу, но не мог напитать её до конца. Тишину нарушила Миралайн.

— Добрые лорды леса, — сказала она поднимаясь. — Ваши песни хороши, но в них слишком мало того, о чём, как я вижу, вы тоскуете. Вы стараетесь песней проникнуть в то, что выше слов, и это возможно, но для такого проникновения необходимо ведение, которое предваряет любые песни, а его у вас нет. Песня не сама собой несёт свет, но содержит свет сердца певца, если тот причастен источнику всякого света, о котором здесь не место говорить. Я тоже спою вам песню, это древняя песнь моего народа и в ней содержится обращение к Ниэле каким оно было на заре истории перворождённых. Но и по сей день ликование о Владычице Ниэле живёт в этой песне, и через неё передаётся всем слушающим, даже и тем, кто только ищет свет, но не знает нём, как вы.

И Миралайн запела:

Kallante sajo sajvelan
Allau viasso
Alajo elsinor ejdan
Alajem arv sanso.

Maria lain. Lettesaj
Niela ealain
Rovenna letta arv est naj
Niraja miralain.

In n'jukta lot in let zarmar
In amari rael
Un venis issa estelar
Sen Aria Niel.[7]

Для песни ей не нужно было никакого музыкального инструмента, всё полностью заменял голос. Её голос соединялся со словами и ещё с чем-то высоким и великим, что жило в песне своей собственной жизнью в независимости оттого, пел эту песню кто-нибудь, или нет. Казалось,

....

[7] Эта песня Миралайн есть один из многих радостных гимнов, которые мираэлы поют Аррину Ниэле. Последняя строка переводится как: «Светлая Ниэла причастная подлинной любви».

что Миралайн слилась с песней, и они оба теперь стали лучом света, залетевшим откуда-то в измученный мир. Василиски совсем притихли. Даже стелары слушали с удивлением, а Элис плакала. Когда песня кончилась, все четверо лордов леса встали и склонились перед Миралайн, а Арнэалин спросил: «Кто ты, Госпожа?».

— Я принцесса народа мираэлов и зовут меня Миралайн.

— Мы никогда не слышали, чтоб так пели, — признались лорды леса.

А двое из них, которых звали Эстэлиан и Арнэалин просили, чтоб Миралайн позволила им следовать за собой, куда бы она не пошла.

— Мы все ушли в лес, чтоб найти, но никто из нас не встречал нашедшего, — сказал Эстэлиан. И теперь разлучиться с тобой было бы тем же, как если бы жаждущий в пустыне нашёл родник, но должен был оставить его.

— Вы ведь не знаете, куда мы идём, — сурово сказал Эктор, — да и мы вас совсем не знаем.

— И я не понимаю, чего вы так разволновались, — заметил Эрайа, песня как песня, бывает и получше.

Но лорды леса не обратили внимания на эти слова, они снова просили Миралайн взять их с собой, и та согласилась, сказав, что тот, кто различает свет в песне, не замыслит зла.

— К тому же, они могут указать нам дорогу в здешних лесах, — сказал Акивасса.

Оказалось, что форостелы обитают в лесу не связанные ни роднёй, ни местом, они ходят куда хотят и делают что хотят: поют, думают, созерцают. Конечно, у них есть свои любимые места в лесу «таковы поляны у реки Форвиэль Эйдаль, но у каждого лорда есть в лесу и свои сокровенные места». Непонятые родными в тех городах, где они жили до того, как стали форостелами, они ждут понимания от деревьев, которым дают имена и к которым привязываются крепко. Деревья тоже внимают лордам, потому что мало кому на земле кроме них есть дело до того, что цветёт и растёт. Но лес далеко не безопасен. Живут в нём и такие лорды, которые устали от поиска смысла и настоящести, и говорят, что найти ничего невозможно. Мы, форостелы, зовём их amíris – не ищущими, не знающими. Есть среди них и такие, кто решил, будто ни свет, ни поиск его не дают ничего кроме иллюзорного смысла которым тешится несчастный, обманутый человек. Смысл для них – сила и могущество и они обратились к тьме. Они больше не форостелы, потому что чтут Сета. Даже имена, которые лорды нарекают друг другу когда кто-то новый приходит в лес, чтобы стать лордом, они отбросили и дают себе имена маррагов и других известных служителей тени. Они объединяются в отряды и могут вредить форостелам, хотя до открытых столкновений дело доходит редко.

Когда Арнэалин и Эстэлиан узнали, куда идёт отряд, они поразились, но своего намерения идти с Миралайн не оставили. Стелары устроили совет с форостелами о том, как лучше идти. Эстэлиан предложил переправиться за Форвиэль Эйдаль на восток, дойти до драконьей горы, обойти её и следовать до великой реки Велион (Раньше я жил у Велиона в городе Ариэле). А потом уже вверх по Велиону, а дальше посмотрим, потому что в тех землях мы никогда не были.

В эти дни, пока отряд общался с лордами леса, все они жили в «Поющей стреле». Стелары были не слишком довольны, что лорды присоединились к отряду, но даже суровый Эктор, видевший на своём жизненном пути не один десяток сражений и стычек, чувствовал, что Миралайн, хотя и не разбирается в картах и путешествиях, но имеет особое ведение простирающееся на те сокровенные глубины жизни, куда почти все другие обитатели мира не поднимаются. И если она решила принять форостелов в компанию, значит, так надо. В то время, пока лорды разговаривали с Миралайн, Элиас больше общался с Иррравуром и Элис, и узнавал от них многое о жизни обитателей леса.

— У вас душа открытая к чужой жизни и чужой боли, — сказала ему Элис и поведала историю о себе и своём муже.

Оказалось, она была родом тоже из Леттерана, работала в пекарне у хлебопека, но душа её стремилась к чему-то, чего она и сама явно не могла понять. Она жадно слушала древние легенды, за что многие её считали странной, и была очарована рассказами о народе форостэлов, причастным которому может стать каждый, пришедший в лес. Она тайно готовилась уйти в лес василисков, но не знала дороги, когда ей повстречался Иррравур, сын одного из городских трактирщиков, и они полюбили друг друга. Элис по-прежнему искала того, что придало бы смысл всем закатам и рассветам, но и с возлюбленным ей расставаться не хотелось. Когда же она решилась и рассказала ему о своих метаниях, Иррравур предложил ей переехать в лес и основать трактир на одной из лесных дорог. Они поженились и уехали в лес василисков, вопреки возражениям родственников. Тут Элис познакомилась с форостэлами, которым полюбилась девушка, искавшая того же, что и они, и они прозвали её Форэала́йн, что на древнем высоком языке означает «Чистый голос леса» или «лесное сияние». Лордом леса она не стала, наверное, потому, что к моменту прихода в лес была уже замужем, но и интереса к древним сказаниям и высокому языку не утратила. Хотя с рождением сына всё меньше времени оставалось на любимые занятия, но ведь и сына, и мужа она тоже любила и не хотела бы никогда расстаться с ними. Лорды леса часто навещали её, пели песни и вели разговоры о постижении сокровенного в мире и просто о его красоте. Элис слушала, и сердце звало её присоединиться к этому народу, который все заботы оставил в прошлом, и желает только одного – найти подлинную красоту и приобщиться ей. Но и любовь к родным была не меньшей, и с ними ей тоже хотелось быть. Так прошло пять лет. А два года назад её сын гулял у трактира по лугу, когда над ними пролетел дракон с драконьей горы. И он унёс её сына. Она очень горевала тогда, и если бы не дружба с форостэлами, которые утешали её песнями, то не знает, как бы и пережила эту боль. Ирравур с тех пор строит планы, как отомстить дракону, но все они слишком нереальны, чтобы сбыться.

Узнав, что Леттеран захвачен зармарцами, Элис опечалилась и не знала, что и думать, потому что в городе оставались её родные. Элиас хотел чем-то утешить её, и, позвав Эрайю в некаминный зал, где в тот момент никого кроме них не было, попросил его показать квиалор.

– Не понимаю, чего вы нашли в этом камне? – удивился Эрайа, – лично я чувствую только тоску пока ношу его, хотя Миралайн говорит, что это не тоска, а зов, но по мне, так пусть зовёт кого-нибудь другого. Но если хотите – смотрите.

И он вытащил камень из нагрудного кармана.

Квиалор осветил комнату светом без теней, и, хотя за окном был день, казалось, свет камня сильнее солнечных лучей. Элис долго смотрела на камень, а потом отвела взгляд и заплакала.

– Что это? – наконец спросила она.

– Это квиалор, который некогда явила миру Элиан Златовласая.

– Никогда не слышала ни о квиалоре, ни об Элиан, а что это за история?

— Точно не знаю, но говорят, что это история того, как единственный раз был посрамлён всеобщий враг.

— Не говори о нём, — предостерегла Элис. — Потому что тень коснулась и леса василисков. Некоторые из лордов леса стали амирис, теми, кто служит злу. Я не знаю, общается ли тень с ними, но они теперь верят больше в зло, чем в добро. Говорят, их много стало за Форвиэль Эйда́ль, где всегда были особо значимые для форостэлов места. Некоторые из них приходят и сюда, к моему мужу, и он слушает их рассказы, а я не могу уговорить его этого не делать.

Словно в ответ на её слова в каминный зал вошли трое: Иравур и ещё двое по виду похожие на лордов леса, но одетые в чёрное: длинные рубахи, плащи поверх рубах, а вместо луков — палаши на поясе. Иравур звал их Ургас и Шаркас.

— Это и есть амирис, — шепнула Элис, когда они вышли из некаминного зала.

— Вина усталым путникам, хозяйка, — крикнул ей Шаркас, — вина крепкого как наша воля или ещё крепче.

Пока Элис наливала вино, Элиас смотрел на амирис. Действительно, было определённое сходство с лордами леса, только лица другие, жёсткие и надменные. Со второго этажа трактира по лестнице спускался Эстэлиан.

— А, бывший брат! Крикнул ему Ургас. Ну что, не скис ещё под своим любимым деревом?

Эстэлиан ничего не сказал, а Ургас и Шаркас захохотали.

— Что-то ты повадился сюда ходить, — закричали они, — всё поёшь песни хозяйке? Ну и как? Нравится ей или нет? Или ты ей нравишься больше твоих песен? А может она тебе?

— Ваши оскорбления нас не задевают, — отвечал Эстэлиан, — но советую вам быть повежливее, пока вы в чужом доме.

– Мы тут везде дома, – отвечал Шаркас, – чего не скажешь о вас. За столько столетий вы так и не стали силой, да и теперь не станете, а мы великие марраги.

– Это имя вам не принадлежит, – сказала Элис, – оно принадлежит другим.

– А теперь и нам. Мы – новая сила в мире, молодая и сокрушительная, и носим это имя по праву.

Эрайа подошел к ним и с интересом спросил: «А вы вправду служите чёрному властелину мира?».

– А тебе что до этого? Отвечал Ургас.

– Дело в том, что я ищу встречи с властелином, чтобы ему служить.

– Эрайа, – предостерегающе крикнул Элиас.

– Вот это парень! – воскликнул Ургас. – Слышишь, Шаркас, – чего он хочет. Да только чёрному властелину нужны не всякие слуги – а такие, как мы: мудрые и могучие.

– Могучим я скоро стану, да и мудрости мне не занимать, а кроме того у меня есть дар для него.

И Эрайа Глопен извлёк из кармана камень.

Но на амирис камень не произвёл впечатления: «Красивая стекляшка», – сказали они, – но зачем она Сету, да и ты с ней в придачу». Эрайа обиделся и отошёл в сторону. Амирис усадили с собой Ирравура, принялись пить вино и петь какую-то свою песню.

Всё вокруг темным-темно
Ночь ползёт в твоё окно.
Эй, постой, напрасен труд,
Всё напрасно, все умрут
И останется один
В мире тёмный властелин.
Вот тогда и будем мы
Царствовать над миром тьмы.

Света нет. Везде один –
Мира тёмный властелин.

Иррaвур слушал с интересом. Эстэлиану, Элиасу и Элис песня доставляла мучение. Внезапно для самого себя Элиас поднял руку и произнёс первые строки из песни Миралайн:

Kallante sajo sajvelan!

Эта была первая строка из гимна обращённого к Ниэле, и на всеобщем она звучала как «Хозяйка верного пути». Амирис вздрогнули. Ургас напрягся, отодвинул от себя кувшин с вином, встал, протянул руки в сторону Элиаса и произнёс:

Всех людей напрасен труд
Всё напрасно. Все умрут.
Прорастает тьма одна
Из горчичного зерна.

За окном потемнело. Внезапно налетевшие тучи закрыли солнце. Элиас почувствовал, как какая-то холодная невидимая рука схватила его за сердце и не даёт вымолвить ни слова. Шаркас рассмеялся. Элис вскрикнула. Ургас достал из-за пояса палаш и направился было к Элиасу. Эстэлиан хотел вмешаться, но Ургас посмотрел на него и произнёс что-то, после чего Эстэлиан схватился за голову и осел на ступени. Ургас уже заносил палаш над Элиасом, как вдруг с порога раздался голос Миралайн:
Niela Allau Ajre, Annivine![8]

---

[8] То есть «Ниэла, дивная, защити и спаси».

И палаш выпал из руки Ургаса, а холод отпустил сердце Элиаса. Сквозь тучи вновь пробились солнечные лучи. Эстэлиан медленно поднялся со ступенек.

– Уходите, – сказала Миралайн на всеобщем. – В сердцах этих людей не найдётся места ни вам, ни вашему властелину.

Ургас и Шаркас стали отходить, Ургас даже не нагнулся за палашом.

У входа Шаркас сказал:

– Мы уйдём, неизвестная колдунья, но не думай, что оставим тебя в покое. Ты нас ещё увидишь и наши песни услышишь.

– Ваши заклятия не имеют силы перед предвечным пламенем, – отвечала Миралайн.

– Мы сильны не только ими, – злобно сказал Шаркас.

Оба они вышли за порог и стали быстро уходить.

– Госпожа, откуда в тебе такая сила? – спросил Эстэлиан.

Миралайн не ответила. Когда остальные члены отряда узнали, что случилось, Эктор сказал:

– Надо уходить, здесь больше оставаться нельзя. Насколько я понимаю, эти выскочки не из тех, кто прощает своё поражение, и они вернуться с подмогой.

– Они действительно получают силы от врага, – грустно сказала Миралайн.

– Куда вы пойдёте? – спросила Элис.

– Сперва за Форвиэль Эйдаль, а потом как получится, – сказала Миралайн.

Она подошла к Элис, положила руки ей на голову и сказала:

– Не всегда тебе разрываться на две половины. Придёт время, и ты обретёшь цельность, путями, которые пока скрыты от всех нас. Но Аррины учили нас, что невозможно, чтобы ищущий чего-то доброго не нашёл его. И твоя тоска уврачуется так, как никто из людей и помыслить не может, и, когда ты встретишься с радостью, никто уже не разлучит вас.

– Прощай, Форэалайн, – говорили Элис лорды леса, а она отвечала, что будет ждать новой встречи.

Ирравур молчал. Происшедшее оказало на него впечатление, и он произнёс только:

– Я ведь просто хотел спросить у них, как справиться с драконом. Я ведь не знал, что так будет.

– Ты просто не знал, что из зла не может произрасти добро, – отвечала ему Миралайн, – но ты пока ещё заблудился неопасно, и если будешь следовать за Элис, – выйдешь на нужную дорогу.

Аркивасса сказал по поводу Эрайи, что, в конце концов, этот мальчишка должен быть наказан, потому, что его выходки зашли уже слишком далеко, и на этот раз чуть не стоили им жизни. Но Миралайн снова вступилась за Эрайу, сказав, что он старался избрать то, что считает справедливым и верным, но просто видит далеко не всё.

– Рядом с тобой, госпожа, мне иногда кажется, что и стелары видят не всё, – говорил Аркивасса, – но скажу тебе, что такой компанией как у нас, даже приграничную стражу никто не стал бы нести, а не то, что идти в такую даль. Воинов из нас только Эктор да я.

– Меня тоже иногда удивляет, как собираются люди на свете, – отвечала ему Миралайн. – но было бы неверно думать, что мы совсем уж бессильны перед опасностью. Оказывается так, что те, кому поручено некое дело, даже если они и совсем слабы, могут исполнить его именно потому, что судьба уготовала и препоручила его именно им, а не кому-то другому.

– Но неужели ты думаешь, что нас действительно ждёт успех? Посуди сама – пройти по землям огромной империи, войти в башню всеобщего врага, и там ты можешь узнать что-то о надежде, а можешь и не узнать. Но разве Сет допустит нашу победу?

— Он, конечно, не допустил бы, будь он всесилен, но в мире есть и другие силы, кроме его могущества, и они тоже действуют, хотя невнимательному взгляду и кажется, что это не так.

— А я, госпожа, не верю в те силы, которые не только никогда не видел, но и которые ничем себя не проявляют. Где были эти твои силы, когда враги захватили наш Леттеран и сожгли твой корабль? Где они были, когда на войне гибли мои друзья стелары? Или они спят, эти твои силы?

— Нет, они не спят. Они поддерживают весь мир и направляют его к хорошему концу, они незаметны только в том смысле, как для героев книги не всегда очевидно, что есть автор, или для тех, кто изображён на картине, неизвестно, что есть художник. Но это не мешает ни автору, ни художнику дописывать картину и книгу. И то, что нам кажется нелепым случаем, на самом деле есть часть невидимого нами узора.

— Но если узор не виден, откуда ты знаешь, что он есть? И если он есть, почему добро всё время терпит в этом мире поражение?

— Мудрецы моего народа говорят, что эти поражения на самом деле есть часть великой победы.

— Это совсем не понятно для меня, госпожа.

— Это как если бы герой был повержен в бою отрядом врагов. Погиб герой, но его смерть — его победа, потому что он до конца был непричастен злу.

— Ты, наверное, говоришь об удовлетворении от сознания собственной правоты. Это известно нам, стеларам. Но добра на земле всё равно становится меньше с каждым нашим поражением. Что ты скажешь на это?

— С твоего позволения, — вмешался в разговор Эстэлиан, — есть в лесу один человек, которому можно было бы задать твой вопрос. Пришёл сюда он давно и мы, лорды, иногда ходим к нему за советом. Если повезёт, может и увидим его. Живёт он по эту сторону Форвиэль Эйдаль и нам его укрывище по пути.

Так они шли по лесу и говорили о многом и разном. Форостэлы спрашивали у Миралайн толкование древних легенд и историй, стелары больше шли молча, а Эрайа Глопен решил, что если бы не его цель путешествия, то не стоило бы и идти в такой странной компании, где даже поговорить, и то не с кем. Эрайа был вовсе не глуп, как думал о нём Аркивасса, просто хотел встретить такое существо, которое бы разделило его взгляды на мир. С юности он был очарован идеей Зармара, его порядком и стремлением к лучшему устроению мира. Эрайа был из бедной семьи, родителей не знал и воспитывался бабушкой. Однако способности он имел хорошие, особенно к счёту чисел, и сумел поступить в университет. Там он познакомился со многими молодыми людьми, разделявшими его взгляды относительно правильного устроения всего в городе по образу Зармарской империи. Некоторые его соученики сетовали даже, что империя не смогла захватить город во время предыдущих воин, «потому что тогда они принесли бы нам цивилизацию». Сам Эрайа считал, что союз с Зармаром решил бы все социальные и экономические проблемы Леттерана, и удивлялся, когда кто-то думал об этом отлично от него.

Когда его бабушка, кроткая и тихая, пыталась переубедить его, он только смеялся и объяснял, что она давно уже ничего не понимает. «Разве когда-нибудь я учила тебя такому?» – спрашивала она. «Не факт, что я беру пример с тебя», – в духе своих новых университетских приятелей отвечал он бабушке.

Вскоре умерла и бабушка, благословив внука и отдав ему своё сокровище – камень, сказав, что получила его некогда от леди Эстэлиан. Поэтому, теперь узнав, что так зовут одного из форостэлов, Эрайа очень удивился, и, улучив момент, спросил, что означает его имя. Ещё больше Эрайа удивился, когда услышал в ответ, что лорд леса назван так в честь леди Эстэлиан.

– Но кто она такая? – спросил Эрайа.

– Она из великих, – отвечали ему Арнэалин и Эстэлиан и рассказали такую историю.

Около ста лет назад среди форостелов появилась девушка удивительной красоты, которая, однако, не обращала на это никакого внимания. Её главной заботой было вернуть миру уходящую из него красоту, и ради этого она объединила несколько тысяч лордов леса. Они поселились за Форвиэль Эйдаль, однако в их сокровенное королевство мог попасть всякий, кто только желал. Она учила, что единственным утешением для форостелов могут стать только Аррины, и искала способ возвратить их из-за пределов мира. Это ей не удалось, но, говорят, Аррины слышали её и отвечали ей. Для неё Аррины были столь же близкими, как и форостелы, которых она в те годы учила многому из того, что знала сама. Говорят ещё, что ей был предложен выбор – или послужить своей мечте о том, чтобы свет, в конце концов, вернулся в мир, но тогда она должна была пострадать, или прожить долгую жизнь в безопасности своего малого королевства. Она выбрала первое. И благодаря её выбору в мир снова явилась великая утерянная красота, и это был Квиалор.

Но вести о возвращении камня облетели тогда не только форостелов. Дошли они и до многочисленных прислужников врага. Эстэлиан предупредила всех бывших с нею, что лучше им уйти, потому что теперь быть с ней рядом стало опасно. Но никто не ушёл. А вскоре в лес явились отряды зармарцев. Они шли уверенно, словно кто-то сообщил им где искать королевство Эвалиндиа́н, да так оно наверняка и было, ибо амирис ненавидели форостелов из Эвалиндиана и с удовольствием могли послужить всеобщему врагу. Форостелы королевства Эстэлиан сопротивлялись, как могли, но зармарцев было слишком много, и они опустошили Эвалиндиан и схватили Эстэлиан. её увезли в зармар, где она, наверное, и погибла. Но квиалора у неё не нашли. Некоторые из форостелов думают, что она успела передать его кому-то из своих учеников или учениц. Это случилось сто лет назад, и если бы Эстэлиан не погибла, она до сих пор бы ещё жила. Эвалиндиан опустел. С тех пор там не селятся форостелы, только приходят туда, чтобы почтить память своего королевства, которое они когда-то не смогли защитить. Там всюду растут цветы Ниэлы – нириэны, белые и серебристо сияющие, больше таких нету нигде. И форостэлы плачут там о своём потерянном королевстве и об Эстэлиан, которая сделала Арринов такими близкими, словно в дни юности мира, когда, говорят, нигде не было места тьме. И лорд Эстэлиан запел:

Во всяком месте на земле есть тайная печаль
Но там она всего сильней, где Форвиэль Эйдаль
Чьи волны, словно звёздный свет, могли от тьмы хранить
Но ничего в земле иной не в силах изменить.

Весна бывает только раз и в срок уйдёт она
И только тут, в Элиндиáн, она во всём видна,
Но каждый лист что у реки Серебряной растёт
Осенний ветер, налетев, с деревьев оборвёт.

И каждый час, что тут прошёл – волшебный, дивный сон,
Когда-нибудь, придёт пора, и оборвётся он.
И кто ещё сюда придёт, кто сможет углядеть
За зимним снегом как трава умела зеленеть?

Что потеряли только в нас по-прежнему живёт,
А значит можно всё вернуть, пусть даже всё пройдёт.
Вот только вспомнит ли о том, тот, кто придёт зимой
И кто найдёт тут только снег над мёртвою травой.

Нужно сказать, что ни рассказ, ни песня, ни произвели на Эрайу особого впечатления. «Неужели никто из тех, кого я встречаю, не понимает властелина мира? Или у того нет толковых слуг? Но я найду его и послужу ему, и тогда все поймут, какие великие цели преследует мой властелин. А то, что при этом время от времени кто-то гибнет – ну так что ж, мир не стоит без войны и никогда не будет мира без войны, разве только когда всё сущее объединится под мудрой рукой чёрного властелина. В его царстве не будет ни суеты, ни глупостей, ни никчемных споров. Тогда-то всем и будет хорошо жить, как сейчас хорошо одним только зармарцам». Так думал Эрайа.

А ещё он думал, что Аррины не справедливы, если своей последовательнице, этой Эстэлиан, предложили умереть ради исполнения её мечты. Вот Сет никому такого не предлагает, а наоборот, даёт жизнь исполненную всяческих радостей, жизнь довольную и спокойную, чего никогда никому не дал ни один другой Аррин. Да и сам Сайлор, думал Эрайа, что делает Он, глядя, как на земле мучаются тысячи Его созданий? Неужели Ему нет дела до них? А есть дело до нас только Сету, который даёт нам хорошо жить, если мы идём за ним.

... А, тем временем, маленький отряд шел и шел дальше вглубь леса василисков и приближался к месту, которое форостэлы называли укрывищем, потому что тут жил отшельник мудрец, некогда бывший одним из форостэлов населяющих разорённый Эвалиндиан.

Подлесок тут становился реже и идти было легче. Стали попадаться полянки с множеством красивых цветов, из которых только часть была цветами лесными и полевыми, а часть – невиданных форм и оттенков.

– Рядом с Эвалиндианом и по эту сторону реки росли удивительные цветы, – объяснил Арнэалин. – Растут они тут с тех самых пор до сих пор, словно кто-то благословил землю, по которой ступала леди Эстэлиан.

– А самые старые деревья ещё помнят, как жители этого края общались с Арринами и слышали их неизреченные слова о судьбах мира, – заметила Миралайн. – Даже воздух тут не такой как в других частях этого леса.

– Эти земли – лесные врата в Эвалиндиан.

– А почему лорды леса снова не заселили этот край? – спросил Элиас.

– Дело в том, что вся чудесность Эвалиндиана была связана с Эстэлиан, а когда её не стало, не стало сердца, – сказал Арнэалин.

– Но её кровь не была пролита тут, иначе земля помнила бы об этом, – произнесла Миралайн.

– Её увели в плен в зармар, а дальнейшая судьба её неизвестна.

Элиас не чувствовал ничего из того, о чём сказала Миралайн, но отметил, что здесь лучше ощущаешь себя, чем в той части леса где они шли до этого. Внезапно Эстэлиан сказал отряду остановиться.

– Нам выпала честь, – сказал он. – отшельник у себя дома.

Из-за деревьев к путникам вышел низкорослый седой старик в белом балахоне и с посохом. Он медленно поклонился путникам и сказал:

– Мне удалось вырастить несколько цветов нириэн по эту сторону реки.

Лорды леса, Элиас и Миралайн так же поклонились ему, а Миралайн спросила:

– Долго ли ты старался их вырастить, почтенный отшельник?

– С тех самых пор как война прошла по этой земле и унесла радость в прошлое и в воспоминания.

– Разве ты с тех пор не радовался? – спросила его Миралайн.

– Радовался. Радовался тому, что зло не вечно и несмотря на всё своё могущество и победу во многих битвах терпит поражение в конце.

– Откуда ты это знаешь, ведь конец злу ещё не наступил и судя по последним событиям вообще не наступит? – спросил его Аркивасса.

– Таков наш мир. Он был сотворён для добра и он тянется к свету. Тьма не выносит даже памяти об этом устремлении.

– Увы, если б так было, – сказал ему Эктор.

– Это так в независимости оттого, знаем мы об этом или нет.

– К сожалению, речами не сдержать чёрного властелина.

– Не сдержать его и мечами и секирами, но его можно сдержать сердцем.

– Если б от этого был хоть какой-то прок.

– Прок далеко не всегда лежит на поверхности события. И светлый конец осияет всё путешествие, как и долгая жизнь бесполезна, если она совершается на путях зла.

– Есть ли надежда у мира? – спросил Элиас.

– Если смотреть на происходящее вокруг, кажется, что нет. Но что-то внутри постоянно говорит, что надежда есть.

– Высокие речи не заставят пасть чёрного властелина, – рассердился Аркивасса. Ему было неприятно слушать подобное в то время, когда вокруг идёт война.

— Но и топоры Толкарры не приведут к его падению. К тому же зло пробирается и в Толкарру – я говорю об алчности многих стеларов и их нежелании приглядываться к красоте мира вокруг себя.

— Если что-то случиться с Толкаррой, то и красота мира не продержится долго, – буркнул Эктор. – О тебе, почтеннейший отшельник, говорили, будто ты мастер отвечать на вопросы, а ты только путаешь да туман наводишь.

— Задавай свои вопросы, а я попробую ответить.

— Знаешь ли ты, куда мы идём? – спросил Элиас.

— Нет, но с вами мираэл, а, значит, дорога ваша причастна высшему смыслу хотя бы через него.

— Не пойму, чего вы все так носитесь с этими мираэлами? – вырвалось у Эрайи Глопена.

Лорды леса зашикали на него, а отшельник, повернувшись к нему, сказал:

— Удивительный ты человек, почти единственный, кто хочет служить злу не ради выгоды, а просто, потому что считает это правильным.

— А остальные? – спросил Эрайа.

— Остальные слуги тёмного властелина служат ему за что-то: за власть, за богатство, за долгую жизнь, за покой, за причастие к великой мощи.

— А почему никто из спутников не понимает меня?

— Прежде всего, ты сам не понимаешь себя и того, чего ты хочешь. Ты зло представляешь добром, а добро злом. Но что ты выберешь, когда во всём разберёшься – я не знаю.

— Скажи, отшельник, – спросил его Эстэлиан, – чем окончится наше путешествие, как ты думаешь?

— Не знаю, – тихо отвечал отшельник. – Но незнание будущего не должно лишать надежды тех, кто его не знает.

— А что случиться со мной в этом путешествии? – спросил Элиас.

— Ты увидишь, куда тебе нужно меняться и для чего.

Неожиданно, отшельник ещё раз кивнул всем собравшимся и, повернувшись, зашагал по дороге прочь. Путникам ничего не осталось, как пойти дальше. Дорога вскоре привела их к реке.

— Вот она – Форвиэ́ль Серебрянная, – говорили форостэлы.

На обоих её берегах было несколько плотов. «Это лорды леса путешествуют на них в Эвалиндиан» – объяснили форостэлы. Путники быстро переправились.

— Как тут хорошо, – сказала вслух Миралайн.

Элиас тоже чувствовал, что места тут необычные, форостэлы дышали полной грудью и запели песню. Только стелары ничего не чувствовали, а Эрайе тут не понравилось. «Лес как лес, только тошнит уже от этих лесов», – буркнул он. То и дело попадались поляны с цветами и высокой травой. Эти места были особо значимы для всех лордов леса хотя бывали они тут нечасто. Уже вечерело, когда на большой поляне путники встретили лордов леса. Их было около десятка, мужи сидели у костра и играли на лютнях и флейтах, а девы танцевали.

— Это танец воспоминаний, – сказал путникам Эстэлиан. – Мы танцуем его, когда хотим вспомнить о том, каким благословенным был некогда этот край.

Форостэлы заметили путников, однако ни танца, ни музыки не прервали. Когда же танец окончился, путники подошли ближе к костру.

— Приветствуем братьев лордов, – сказали сидящие у костра, – и их спутникам привет тоже.

— И вам привет, – отвечала Миралайн. – Да будут ваши дела и песни в обретение того, что вы ищете.

– Здесь, в Эвалиндиане, кажется, что всё уже обретено и узнано, сказал один из лордов леса, таков этот благословенный край даже и через сто лет после исчезновения Эстэлиан.

– Но неужели за всё это время никто не пытался пройти её путём, – удивилась Миралайн.

– Мы в точности даже не понимаем, в чём был её путь. Некоторые из нас пробовали, как она, говорить с Арринами, но ответа не получили.

– Даже Миралы не всегда получают ответ в словах, – сказала Миралайн, – чаще всего этот ответ приходиться искать вокруг себя и в себе.

– Но мы, к сожалению, не умеем ни того ни другого, – отвечала дева форостэлов по имени Эльвиавин.

– А теперь скажите о себе, – обратился к ним лорд леса, – кто вы, что идёте с нашими братьями и пришли сюда, в заповедный край.

– Мы – стелары, люди, форостэлы и мираэл, которых удивительные обстоятельства объединили вокруг одной цели, – отвечал Элиас.

– Мираэл с вами? – поразились форостэлы. – Кто же это?

– Это я, – отвечала им Миралайн.

Форостэлы встали и подошли ближе, а две лордессы – Эльвиави́н и Эльвилио́ль попросили её сказать о своём народе, который почитают все лорды леса за древнюю мудрость.

– С тех пор, как Эвэльтэльма Оссивэн был взят от мира, мой народ никогда не терял связи с его теперешними обитателями – Арринами служащими свету и несущими свет. И многое из того, что вы только пытаетесь найти в старинных книгах и голосах леса нам известно уже очень давно. Но и печали известны моему народу. Потому, что тень, которую набросил на мир Сет, равно мучительна для всех обитателей этого мира, хотя и не все это осознают. Однако Сету, как мы знаем, важно не устроить свою мировую империю, а захватить каждого, кто живёт, изнутри, со стороны сердца. Озармарить всех и тогда он будет властелином в полном смысле этого слова – доказавшим Сайлору напрасность всего Им созданного. Именно в этом его основная цель, и, к нашей всеобщей печали, очень многие из живущих в мире этой цели служат, хотя и не осознают её, а некоторые и вовсе не верят в существование Сета.

Но Сет – не единственный, кто действует в мире. Он думает, что сумел окончательно изгнать Арринов с нашей земли, но они всё равно действуют в ней, хотя и не открыто и прямо, как раньше.

– А придёт ли конец его владычеству над землёй? – спросила Эльвилиоль.

– Мы и отправились в путь для того, чтобы это узнать. Но и сейчас скажу тебе – он – не владыка земли. Он – повелитель мрака, зла и теней. Ты сейчас танцевала у костра со своей сестрой Эльвиавин, и в вашем танце не было ничего от Сета. Как нет его дыхания и в вашем поиске смысла и в песнях и во всяких искренних отношениях и ещё во многом, в чём сияет пламень Сайлора, который мираэлы называют Лаин.

Всё то, над чем Сет не властен, а вещей и дел, причастных Лаин, немало в мире, он ненавидит и пытается уничтожить. Потому что даже простая песня какого-нибудь певца о надежде заключает в себе его поражение.

– Но как обычная песня может заключать в себе поражение Сета? – спросили вместе Эльвиавин и Эльвилиоль.

– Потому, что заключает в себе частицу вечного пламени, частицу вечности над которой не властен враг.

– Над чем же он тогда властен? – спросили все форостэлы.

— Над всякой ненастоящестью: в отношениях, в словах, в мыслях. Настоящесть ему не подвластна. Поэтому я думаю, что даже в Зармарской империи есть такое, что находится вне его власти.

— Как красиво ты говоришь, — сказала ей Эльвиавин. — Сердце отзывается на твои слова и говорит нам, что это — правда.

— О форостелы, — обратилась к ним Миралайн, — воистину вы не напрасно проводите время в лесу, если ваши сердца навыкли отличать слова друг от друга и находить верные среди них.

— Спасибо тебе, Госпожа, за твои речи, — сказала ей Эльвилиоль, но просим тебя ещё об одном — спой песню для нас, такую, какую, ты думаешь, нам лучше всего услышать.

— Я спою вам песню, которую пела некогда Эвэлира своему возлюбленному Эйдалиону в те дни когда он, пленённый в помыслах врагом, не мог через тень выйти к свету. Она сложена на мирайе, но я спою её вам на всеобщем. И Миралайн запела.

Когда Миралайн окончила песню, форостелы поклонились ей и благодарили за встречу. Уже было за полночь, когда все улеглись спать, а Эльвиавин и Эльвилиоль подсели к Миралайн и ещё долго расспрашивали её о мире, о его судьбах и о силах, действующих в нём.

…Наутро первым проснулся Эрайа. Он походил вокруг потухшего костра и подумал о том, что хорошо бы поесть. Небо было безоблачным, но на горизонте чёрной точкой висела туча. Эрайу удивило, что туча летит к ним слишком уж быстро. В это время проснулся Эстэлиан. «Уже не спишь?», — спросил он Эрайу.

— Да разве ж тут заснёшь! У вас в лесу всё не как у людей. Кажется, сейчас дождь будет, и это при такой безветренной погоде. Это ж надо — всего одна туча и та сюда летит.

Эстэлиан пригляделся и, внезапно изменившись в лице, крикнул: «Это не туча! Это дракон! Вставайте! Гархарадон летит!».

Но дракон приближался слишком быстро, а люди посреди поляны были отличной мишенью и до леса добежать не успели.

Гархарадон оглушительно рыкнул: «Снова в лесу непорядок!» – и, спикировав вниз, схватил двумя передними лапами Арнэалина и Эльвилиоль. Те из форостэлов, кто успели достать луки, выстрелили в дракона, но ему это было совершенно неощутимо, крепкая броня из чешуйчатых пластин защищала его. Дракон дыхнул огнём на поляну и взлетел в небо. Лучники, сражённые пламенем, упали замертво, а дракон, сделав круг над поляной, полетел на восток унося с собой двоих форостэлов.

ДРАКОНЬЯ ГОРА

– Вы что, обезумели все! – возмущённо говорил Эрайа. – Да их уже давно дракон сожрал, кого вы собираетесь выручать!

– Да и как их выручить из лап дракона? – задумчиво произнёс Эктор. Я что-то не слыхал, чтобы такое кому-то удавалось.

– Вот-вот, никому не удавалось, – поддержал Эрайа, а значит у них судьба такая, погибнуть в драконьей пещере.

– Насколько мы знаем, – говорили форостэлы, – дракон сразу не ест. Он по нескольку лет держит пленников у себя, хотя зачем они ему – неизвестно.

– И я вовсе не сказал, что мы не попробуем их выручить, – насупился Эктор. Но мы можем погибнуть и лично я совершенно не представляю, как справиться с драконом. А если мы погибнем, наш план останется не исполненным, а все мы понимаем, насколько он важен. А ты что решишь, госпожа?

И все обратились к Миралайн. Та ненадолго задумалась, а потом произнесла: «Судьбе было угодно распорядиться так, чтоб двое из тех, с кем мы сблизились сердцами, попали в беду. И хотя вызволение их из этой беды и может повредить конечной цели нашего путешествия, но, думаю, ещё больше ему повредит, если мы не захотим жертвовать хотя бы ради тех, кто стал нашими близкими. Поэтому надо идти на выручку.

– Как хотите, а я не пойду, – возмутился Эрайа.

– Ну и оставайся в лесу, может тебя медведь задерёт или волк съест, – сказал ему Аркивасса.

Тогда Эрайа сказал, что пойдёт позади всех, а в драконью пещеру ни за что не полезет.

– Да это от тебя и не потребуется, – сказала ему Миралайн. – Вклад каждого всегда должен быть по его силе, и неразумно было бы требовать от юноши то, что могут понести только великие герои и женщины.

Эрайа обиделся и стал говорить, что вовсе не боится идти, просто видит, что в этом нет никакого смысла. Однако, если дракон – это создание Сета, то Эрайа думает, что дракон Эрайю не тронет, потому что учует в нём своего.

– Но так просто к дракону не придёшь, – обратился ко всем Эктор. – Нужен мудрый план. Как всем известно, секиры и луки его не берут. Но, может, у него есть уязвимое место?

– Если попасть стрелой в глаз, например, – предложил Эрайа.

– Я не знаю, каким искусством стрельбы из лука надо обладать, чтобы попасть живому дракону в глаз, – сказал Эстэлиан. – И, потом, не уверен, что это его убьёт.

– Но нужно же что-то придумать, – попросила Эльвиавин, – там ведь моя сестра и неизвестно, зачем она дракону понадобилась.

– Разве в мире судьба одного кого-то имеет такое значение, чтобы ставить под угрозу некий важный общий план? – спросил Эктор.

– Судьба каждого из нас имеет огромное значение, – отвечала Миралайн. – Этим и отличается свет от тени. А на дракона действительно нужна армия, нас же всего только несколько.

– А может, предложить ему выкуп? – спросил Элиас.

– Интересно, что ты ему можешь предложить? – рассмеялся Аркивасса. – Ведь у тебя ничего нет. Как и у нас у всех.

– Тогда нам остаётся только одно, – предположила Миралайн, – попробовать поговорить с ним и убедить его выпустить пленников. – Ведь драконы разумны, и не может быть, чтобы они были неубеждаемы.

– Точно, – подхватила Эльвиавин, – говорят, драконы любят загадки и притчи, а так же древние легенды, а больше всего – рассказы о себе самих. Попробуем выпросить пленников за рассказ или загадку.

– Не думаю, что это будет так просто, – сказал Эктор, но другого выбора у нас, похоже, нет. Воевать с драконом мы не сможем, остаётся – говорить. Но где его искать?

– Ну, это просто, – ответил Эстэлиан. – Всем известно, что Гархарадон живёт на драконьей горе за лесом. Но туда ещё надо дойти.

И отряд отправился в путь…

«Гиблое это дело, к дракону идти, – думал Аркивасса, – да ещё затем, чтобы выручать каких-то желторотиков, которые навязались на наши головы.

Если б не стелары, то мир бы, наверное, уже давно разрушился и пришёл к своему концу. Только они из всех перворождённых избрали верный образ существования. Только они способны своими собственными руками приносить в мир рукотворную красоту которая могла бы потягаться с красотой нерукотворной. В нашем походе мы слышим слишком много высоких рассуждений ни о чём, а надо делать дело. Квиалор, конечно, красив. Но что-то я не слышал, чтобы какая-либо красота когда-то остановила предвечного врага. Единственное утешение, что легендарная Элиан действительно была стеларкой, а значит, если она сказала, что средство для борьбы с врагом можно узнать если камень принести в башню Сета, то так оно и есть».

«О, Сандор!» – мысленно взмолился Аркивасса, – не оставь нас своим вразумлением, потому что я всё больше перестаю верить, что этот поход – не безумие».

Миралайн словно прочла его мысли и сказала:

— Всё доброе в мире — безумие для тех, кто лишён добра. Не смущайся, ведь и я раньше никогда не думала о том, что мне предстоит путешествие, пока не пришло время отправится в путь. А что именно нас ждёт в дороге — это подчас не открыто даже Арринам.

— Из Арринов мы, стелары, чтим только Сандора, — сказал Эктор, — да и тот уже много столетий не приходит к нам на помощь, когда мы его зовём.

— Из-за чёрного лиходейства Сета Аррины больше не могут действовать в мире явно, как в минувшие эпохи, — отвечала Миралайн. — Но сокровенно они действуют и по сей день. Часто это действование удивительно и трудно объяснимо для нас. Меня, например, удивляет, почему именно Эрайе было суждено явить квиалор. Но рано или поздно станет ясным и это.

— Да вы меня просто каким-то недоумком считаете, — возмутился Эрайа. — А между тем вы просто отстали от жизни и если б вы не шли к властелину мира, к которому хочу попасть и я, то я бы никогда никуда с вами не отправился.

— И что ты так цепляешься за Сета? — спросил Эктор, — неужели он тебе сделал что-то хорошее?

— Он — благодетель мира, единственный, кто заботится о том, чтобы нам жилось действительно хорошо. Вы просто не понимаете этого потому что считаете, что преследуете какие-то великие цели и этим целям служите. Я не знаю таких целей, но я знаю, что я — сирота и жилось мне не слишком легко, а владыка мира обещает всем хорошо жить на этой земле, а не где-то там ещё.

— Не всем, а зармарцам, — поправил Эктор.

— Вот я и хочу стать зармарцем, быть гражданином великой империи и служить повелителю.

— Ты не знаешь, что сейчас говоришь, — сказала ему Миралайн. — Отпав от Сайлора и лишившись подлинной полноты жизни Сет живёт во тьме и в эту тьму мечтает затащить весь мир.

— Почему же тогда зармарцам так хорошо жить?

— Зармар имеет внешнюю пестроту, но внутри он серый, жестокий ко всему живому, и прежде всего, сам к себе, и это несмотря на множество удовольствий и развлечений доступных там каждому.

— Вот я и хочу этих удовольствий и развлечений! — крикнул Эрайа. — Я хочу верить, что мир — это не рассуждения о чём-то высоком и недоступном, чего на самом деле никто не знает и не чувствует, а как раз праздник и развлечения.

— Бедный Эрайа, — вздохнула Миралайн. — ты, как и любой человек, ищешь радости, но ищешь её совсем не там, где она есть.

— Радость у Сета!

— Никогда у него не было радости и над радостью он не властен, — сказала Миралайн строго, — В его руке только удовольствия и их он раздаёт щедро, но не думай, что он это делает из-за заботы о ком-то. У него свои цели и он очень не любит если эти цели становятся явными для кого-то, потому что тогда он не может укрыться там, где хочет.

— Ты имеешь ввиду его башню или всю империю? — спросил Эктор.

— Я имею ввиду души живущих в мире, потому что Сет обитает не только в башне или в империи. Он ещё и в душах у всех, кто вольно или невольно ему служит, — отвечала Миралайн.

— Разве кто-то служит ему невольно? — спросил Эстэлиан.

— Это все те, кто желает зла или делает злое. Многие из них и не слыхали о Сете, но, незнание не мешает врагу присваивать их себе. Наиболее сильно это воплощается в самом зармаре, но и всякий, кто желает зармара, становится зармарцем, кем бы он до того ни был – человеком, форостелом или стеларом.

Их разговор прервал зоркий Эстэлиан. Дело в том, что отряд только вышел из леса, но все были увлечены беседой, и за дорогой смотрел только он.

– Кто-то идёт сюда, – сказал Эстэлиан. – лошади, верблюды и люди. Вот уж не думал, что неподалёку от драконьей горы кто-то ходит.

– Таковы люди, – вздохнула Эльвиавин, – они заняты своими делами даже перед лицом смерти. Это караванщики из Ариэля, – сказала она присмотревшись. – А идут они, наверняка в стеларский торговый круг.

– А, знаю, – вмешался Эрайа, – это большой базар в Толкарре, моя бабушка там была. А вот что это за место – Ариэль?

– Плохо же вы учили географию в вашем университете, – ответил ему Эктор. – Ариэль – это большой людской город, а что там за люди живут – мы сейчас увидим.

Это и вправду были караванщики. Завидев небольшой отряд, они остановились, но, разглядев лордов леса, очевидно, поняли, что опасности отряд не представляет. Караванщики предложили отряду купить что-нибудь в дорогу. «У нас есть тут и кольчуги и шлемы и что поесть», - говорили они.

– Как вы не боитесь идти мимо дракона? – спросил их Аркивасса.

– Когда то он и вправду нам мешал, – признались караванщики, – но мы, узнав дракона получше, нашли хороший способ, как сделать его почти ручным.

– А что это за способ? – спросил Аркивасса.

– Мы это вам скажем за скромное вознаграждение, – отвечали караванщики.

— Имейте совесть! - возмутился Аркивасса. - Неужели путник не должен помогать путнику на трудной дороге?

— Великий зармарский философ Пурхель уже давно открыл, что в этом мире каждый сам за себя. А зармарские учёные доказали, что жизнь – есть борьба разных видов за выживание, и в ней победит сильнейший. Так что не требуйте от нас невозможного, – сказали караванщики, – а если вас что-то интересует – заплатите и узнаете. У нас есть и быстродействующие советы, а можем вам устроить и недельные курсы по приручению дракона – если конечно у вас хватит денег.

— А почему вы вспомнили зармарского какого-то философа? Вам то что до него за дело? – проговорил Аркивасса.

— О! В нашем городе мы все чтим великий зармар и, как можем, стараемся походить на них. Мы даже построили университет и пригласили зармарских учёных мужей преподавать у нас. Скоро мы будем так же сильны и могущественны, как сами зармарцы.

— У меня есть деньги, – неожиданно сказал Эктор.

Он отстегнул от пояса маленький рог, открыл его и высыпал содержимое перед караванщиками.

— Этого вам хватит?

— На секрет драконопроходимости хватит, а на недельные курсы драконоводства – нет.

— Ну, так давайте ваш секрет.

— Всё очень просто, – отвечал старший караванщик. – Каждое существо на земле что-то любит. Мы – деньги, а дракон – похвалы. Так зачем же нам давать ему деньги, если он хочет похвал? Как только дракон прилетает к нам – мы тут же начинаем его хвалить, он послушает-послушает, и уснёт – только для этого его надо хвалить очень долго, и мы хвалим его посменно.

— А если он всё-таки захочет вас съесть?

— Тогда ему нужно поклониться, продолжая его хвалить! Это действует безотказно.

И караванщики, убедившись, что странная компания больше ничего не хочет купить, отправились своим путём, а отряд всю дорогу до драконьей горы спорил о том, как применить узнанный способ и применять ли его вообще.

— Не по мне это, хвалить старого ящера, — говорил Аркивасса, — но раз другого пути нет — будем хвалить.

— Это какая-то зармарская хитрость, — бормотал Эктор, но нужно признать, что очень часто зармарские хитрости действенны, и, думаю, не будет вреда если мы применим её.

Против была Миралайн, которая говорила, что хвалить дракона пришлось бы мёртвыми словами, а такие слова не должны произносить ни миразлы, ни стелары, ни люди.

— Не переживай, госпожа, — говорили ей стелары, — хвалить его будем мы. В конце концов, мы так можем вернуть пленников, а не всё ли равно, каким путём мы сделаем доброе дело?

Слов Миралайн, что это совсем не всё равно, они слушать не стали, говоря, что иногда щепетильность миразлов переходит все границы. Лорды леса молчали, они просто не знали, что сказать. Как ни странно, на сторону Миралайн встал Эрайа: «Не годится хвалить какую-то ящерицу, так можно себя потерять. А мы все должны блюсти свою честь», - объяснил он.

— Какая у тебя там честь? — расхохотались стелары.

Эрайа схватил камень и бросил его в Аркивассу. Он уже приготовился отбежать на безопасное расстояние, когда внутри горы, к которой они приближались, послышался шум. Да такой, что заставил всех насторожиться.

— Дракон, — шепнула Эльвиавин.

Дальше путники шли осторожно и молча. Гора была очень старой, высокой, но пологой. Тёмные дубы росли по склонам её, что делало гору чёрной на вид.

– Агмаиаву́д. Драконья гора, повторила Эльвиавин. – Но где же вход?

Долго его искать не пришлось. Большая дыра, проём, пещера, больше похожая на каньон, прорезавший гору и уходящий вглубь её. Вокруг валялись кости людей и животных. Эрайа дрожал. Стелары хмурились, но шли молча. Эльвиавин и Элиас боролись со страхом. Заметив это, Миралайн подошла к ним, взяла каждого за руку и прошептала:

– Часто надежда исполняется после того, как тьма получает недолгую власть. Но потом всё равно исполняется надежда. Не бойтесь – таков наш мир и таков его свет – он приходит, когда большинство перестаёт его ждать.

Её слова прервал рёв из глубины пещеры, к краю которой путники уже успели спуститься.

– Кто тут?! Или кому жить надоело?!! – это, конечно, был дракон.

– О, величайший из драконов, солнечночешуйчатый и огненосный! – Воскликнул Аркивасса. – Мы вовсе не собирались тревожить твой покой, однако, услышав в наших землях вести о тебе, о несравненный, мы решили взглянуть на тебя и поразиться твоему великолепию и могуществу.

– Это хорошо, – сказал дракон, продолжайте дальше, ваши речи мне по нраву. Я и сам давно знаю о своей несравненности.

Дракон вылез из пещеры. Он был огромен, весь покрыт чешуёй и с крыльями. В глазах его читалось самодовольство.

– Но дело в том, – продолжил Аркивасса, – что мы шли взглянуть на тебя и восхититься тобой более полным составом. Но твоё величество неделю назад на лесной поляне унесло от нас двоих лордов леса, которые так же хотели восхититься тобой. Не скажет ли твоё дракончество, что с ними сталось?

— Не очень-то они восхищаются, проворчал дракон, — однако они при деле.

— При каком деле, о несравненнейший из драконов? — спросили вместе Эктор и Аркивасса.

— Книгу записывают. У меня, как вы наверно заметили, нет рук, а лапами перо не удержишь. Вот я и диктую им свои мемуары, где подробно описаны все мои великие победы и свершения. Я диктую, а они записывают.

Ведь я — Гархарадон превосходнейший. Я самое лучшее существо в мире. Я поборник высшей справедливости, что и выражаю великой заботой об окрестных землях. Я благодетель всех вас, потому что уже давно поедаю тех, кто мог бы вам принести вред.

— О великий и дивнопрекрасный Гархарадон! — Воскликнули оба стелара, — как прекрасны твои речи. Теперь мы все хотим писать мемуары о тебе. Только нам надо будет много бумаги. Отпусти их вместе с нами в Ариэль, мы купим бумагу и вернёмся к тебе, о великий!

Дракон задумался надолго, а потом сказал:

— Хорошо, отпущу, раз уж вы такие мои искренние почитатели.

И он ушёл вглубь пещеры. Стелары хлопали себя по животу от радости. Наконец дракон вышел, а за ним шли Арнэалин и Эльвилиоль.

— Вот они, — рявкнул дракон, — идите теперь все и принесите много бумаги. Идите, идите, но слушайте ещё одно. Я, Гархарадон великий, и справедливо названный вами несравненным, поедаю некоторых ради общей пользы. Из вас я съем её, — он указал лапой на Миралайн, — и вот его, — он указал на Эрайу — Всё равно они меня не хвалили.

– Да ты что, о великий, – закричали стелары, – это же твоя самая большая почитательница.

– Вот как, – задумался дракон.

– Нет, Гархарадон, – неожиданно сказала Миралайн, – я не твоя почитательница.

– Что??? – зарычал дракон.

– Живя здесь и будучи непохожим на все другие создания ты искал, на самом деле, не похвалы, но понимания, которого не имел никогда. Ты создание Сета, но Сайлор, допустив твоё бытие в мире, дал тебе возможность не быть подобным твоему создателю. Не похвалы насытят твоё сердце, а понимание, и мало кто на земле может тебя понять.

Дракон замер. Он задумался, а потом сказал:

– Так как ты мне ещё никто не говорил. И что-то есть в твоих словах такое, что странно ранит моё драконье сердце.

Ты говоришь – я не ищу похвалы? Я ищу похвалы заслуженной, но разве я её не заслужил?

– О, конечно заслужил! – Закричали стелары.

– Вы молчите, пусть говорит она.

– Если ты и заслужил её, то только в том, что не до конца подобен тому, кто тебя создал. Впрочем, твою сущность Сет не творил, но ей попущено быть в мире, и тот, кто попустил это, сделал так ради той красоты, которая может открыться в тебе, – так сказала Миралайн.

– Кто ты? – Спросил пораженный дракон.

– Я Миралайн из мираэлов, чей город Эвэльтэльма Оссивэн, ты и твои товарищи летели разрушить много тысячелетий назад.

– Да, это так, – медленно отвечал дракон. – Ты – мираэл, и я хотел разрушить ваш город. Так нам приказал Сет. Но я теперь не слуга Сета и ищу только своей славы. И, вижу, более славно будет вас не съесть, а вам помочь.

Я отвезу вас всех в Ариэль – там вы, – он обратился к стеларам, – кстати, и купите бумагу для моих мемуаров.

Внезапно дракон наклонился и обнюхал Миралайн.

– Я тебя запомню, госпожа, – сказал он. – А ты запомни меня. Может, мы ещё встретимся, и ты мне поможешь так же, как сегодня.

– Ну, взбирайтесь ко мне на спину, – обратился он ко всем.

– Мы не полетим с вами, – говорили остальным Арнэалин и Эльвилиоль. – За эти дни мы нашли утешение друг в друге и нам больше не нужно искать его в дальних землях.

– Да будет так, – сказала Миралайн. – Вы нашли большое утешение, однако, кто знает, если не отказались ли от большего?

Эльвиавин и другие лорды леса так же сказали, что они не полетят на драконе в Ариэль, а останутся в лесу Василисков.

– Скажи нам что-нибудь на память, – просили они Миралайн.

– Прекрасны ваши леса и печальны ваши песни, но помните, что в мире есть нечто больше и выше самых прекрасных лесов и самых сердечных песен.

Аркивасса, Эктор, Эрайа, Элиас, Эстэлиан и Миралайн забрались на дракона. Он сказал оставшимся отойти в сторону, взмахнул крыльями и полетел в сторону Ариэля.

ДОРОЖНЫЕ ПРИКЛЮЧЕНИЯ

Летели быстро. Людской город Ариэль располагался на северо-западе от тёмного кряжа, где когда-то жили драконы, но к настоящему времени они почти все уже перевелись.

Миралайн слыхала когда-то от сказителей своего народа, что Сет перестал уделять драконам внимание, потому что не преследует больше цели уничтожить населяющие землю племена и народы. Сказители и мудрецы считали, что его цель теперь — это затащить всех в свой мрак.

Чем больше Миралайн смотрела на жителей земли, тем больше она видела, что люди и сами часто желают того, что предлагает им предвечный враг.

«Неужели люди столь созвучны врагу?»: подумала она, но тут же отогнала эти мысли. Люди, прежде всего несчастны и несчастливы. В мировом узоре они сами выбирают рисунок своей жизни ткать чёрной нитью. Но мираэлы никогда ни от кого не отворачиваются. Они верят в силу жалости. Вот и её сердце скорбит обо всех безумиях тех, кто мог бы стать прекраснее звёзд.

Дракон между тем сделал круг над городом, чем изрядно напугал прохожих. Они разбегались с криками, а довольный Гархарадон спикировал вниз. Самая большая площадь Ариэля находилась неподалёку от порта, стоявшего на великой реке Велион. Эта река пересекала множество земель, доходила до зармарской империи и впадала в северный океан.

Хотя в Ариэле множество торговцев, на главной городской площади их почти не было – тут совершались торжества и свадьбы. Сюда и приземлился Гархарадон.

– Ну, слезайте, – прорычал он. – А вы, – он обратился к стеларам, – не забудьте на обратном пути захватить бумагу.

– Прощай, госпожа, – обратился он к Миралайн. – Хотя что-то говорит мне, что вряд ли мы увидимся снова, но я впервые был рад встретить кого-то и этим кем-то оказалась ты. Не поминай прежние обиды.

– Прощай и ты, – отвечала ему Миралайн. – ты явил мне то, о чём я давно уже думала – что враг не может ничего испортить до конца, потому что не одна только вражья воля действует в мире и направляет его к пока ещё неведомой нам красоте. Хотела бы я, чтобы твоя дорога исполнилась ten irion ken sajvelan, – после всех испытаний преобразилась бы в верный путь. Но что будет на самом деле большинству из нас знать не дано. Мы можем только надеяться. А в древних книгах сказано, что надежда не постыжает надеющегося.

– А теперь послушай и меня, – сказал ей Гархарадон. – Мы, драконы, видим многое, и ещё о многом догадываемся. Я не знаю, куда ты идёшь, но не думаю, что тебе суждено вернуться оттуда живой. Хочешь, я возьму тебя с собой, и мы отыщем твой народ? Хотя это и сложно, но я унесу тебя в море, а там ты по чувству сердца отыщешь своих. У тебя же есть такое чувство? Мы, например, драконы, всегда ощущаем, где наше присутствие сейчас нужнее всего. Раньше нас таким образом звал к себе тёмный повелитель. Но уже века прошли, как мы не слышим его зова. Но чувство пути, я думаю, осталось.

– Это был тёмный зов на тёмный путь, – говорила Миралайн. – Вы шли по нему потому, что не знали, что можно не слушать тьму. Но быть может когда-нибудь тебя позовёт свет – не противься ему тогда, а лети.

— А ты хочешь полететь со мной, и мы отыщем твой народ?

Миралайн задумалась. Конечно, она очень хотела вернуться туда, где подобные садам корабли правят свой путь к заветному острову Лор Рик Алларт и дальше – в открытый океан. Многие песни и сказания ещё может услышать она, многие светлые слова откроют её сердце, чтоб вместить там сердца произнёсших. Она то думала, что никогда не вернётся обратно, а тут… Со многими она была бы понята до конца и утраченный Эвэльтэльма Оссивэн возрождался бы в их речах и сердцах.

— Больше всего я бы хотела вернуться, но теперь вернуться означает то же, что уничтожить свою дорогу. И как я снова могла бы быть с теми, кому могла бы помочь и не помогла. Сердце моё болит и о тех, кто со мною сейчас. Orovande, пойми, я не могу сейчас вернуться. Когда хочешь радости для кого-то, то нужно жертвовать, а жертва всегда, – это только ты сам и ничто другое.

Гархарадон наклонил голову и сказал: «Будь по-твоему». И больше ничего не говоря тяжело взмахнул крыльями и взлетел в небо. Скоро он превратился в точку, а потом исчезла и она. Вокруг начали собираться горожане.

— Не удивляйтесь, о почтенные ариэльцы, – обратился к ним Эктор. – Мы известные драконоводы и к вам прибыли, чтобы поделиться своим удивительным мастерством.

Весть о прибытии столь удивительных гостей быстро облетела город. Первыми к ним пришли торговцы – не случиться ли купить у известных драконоводов что-нибудь интересное, или, наоборот, что-то им продать?

Потом пришли учёные из ариэльского университета. Гостям предложили прочесть курс лекций по драконоведению, но те отказались, чем очень огорчили учёных.

Мер города выделил гостям толковника, который должен был показать им окрестности. Прямо рядом с мэрией находилась средней величины крепость. Флаги на ней были не ариэльские – рука и мешок, а зармарские – глаз, вписанный в восьмиконечную звезду.

– Что это? – дивился Аркивасса.

Толковник объяснил, что это зармарская военная крепость, благодаря солдатам которой в городе можно спокойно жить:

– Раньше нас всё время кто-то тревожил – то варвары из Ахтерикса, то отряды из Шахана, то пираты из Стигии. Но зармарцы пообещали нам помощь и помогли – они разогнали всех врагов, а взамен попросили только торговые льготы и постройку нескольких крепостей для своего войска. С их помощью для города настали лучшие времена. Все мы теперь постоянно говорим: «мир и безопасность». Мер шутит, что эти слова стали нашим девизом. И всё благодаря этим милым зармарцам.

Внезапно гости увидели, что к ним идёт несколько человек. «Это сам ариэльский канцлер», - шепнул толковник, - он – правая рука мера».

Канцлер захотел поговорить с гостями наедине.

– Видите ли, – начал он, – Ариэль – большой торговый город и мы тут себе живём и торгуем, торгуем и живём. Но, как вы и сами знаете, торговле больше всего мешают разбойники и драконы. Разбойников у нас, слава Зармару, поубавилось, а вот с драконами мы договариваться научились сами.

– Это мы знаем, – сказал Эктор.

– Ну вот, – продолжал канцлер, – и посудите сами, у нас тут свои драконоводы, которые, кстати, платят налог в мэрию, а часть этого налога по решению городского совета достаётся меру. Поэтому нам не совсем удобно, что появились у нас новые драконоводы, тем более такие опытные, – канцлер покосился на стеларов. – Быть может мы сумеем договориться?

– Может, и сумеем, – многозначительно произнёс Эктор. Мы не станем задерживаться тут, если вы обеспечите нам запас продовольствия и корабль вверх по Велиону, аж до самой Зармарской империи.

– О, с превеликим удовольствием, – заверил их канцлер. – Тем более, что наши моряки часто ходят под парусами в Зармар.

…Канцлер исполнил своё слово, а, быть может, мэру хотелось поскорее избавиться от опытных драконоводов, но спустя всего несколько часов все они стояли на палубе брига «Слава Ариэльской независимости» направлявшегося в форт Альтеш, стоящий на границе Зармарской империи и имеющий свой торговый и военный порт. Все ариэльские суда, направлявшиеся выше форта, должны были обязательно отметиться там.

Путешествие было довольно однообразным. Берега огромной реки, местами пологие, а местами холмистые, больше всего радовали Миралайн.

Когда корабль проплывал мимо леса Ивералор, оживился Эстэлиан:

– Как бы хотелось погулять по этому лесу, – сказал он. – Я слышал, что некоторые из форостелов уходили и сюда тоже, но этот лес гораздо древнее леса Василисков, который по сравнению с этим – просто парк».

Путники видели, как из леса вышло несколько лордов, они взглядами провожали корабль.

Лес длился долго. Внезапно из чащи выехали на лошадях люди, одетые в чёрное. Их было около десятка, и они неожиданно стали стрелять из луков по кораблю.

Капитан приказал отвести корабль ближе к восточному берегу реки.

– Это амирис, сказал он. – Помешать он нам не могут, но вредить и пугать большие охотники. Готов спорить, что они и не собирались атаковать нас, просто ехали мимо и решили испортить кому-нибудь настроение.

– Неужели амирис, чёрные лорды леса есть и здесь? – удивился Эстэлиан. – я думал, что туда, где находится блуждающий лес, они не сунутся.

– Как бы не так, – проворчал капитан.

– А что такое блуждающий лес? – спросил Элиас.

– Точно не знаю, – признался Эстэлиан, – да и никто, наверно, не знает. В лесу Василисков такого нет, а есть, говорят, только тут. Иногда часть леса будто оживает. Я не в том смысле говорю, что двигается, этого нет. Но всё там начинает напоминать человеку или лорду леса или ещё кому – что у того есть совесть и что живёт он ради чего-то самого высокого и должен это высокое найти. Не все могут выдержать такое напоминание, особенно, если привыкли только есть, пить и работать.

– Я когда-то по молодости попал в блуждающий лес, – вмешался капитан. – Страшное было ощущение. Будто кроме моей любимой реки и корабля, а я тогда ещё простым матросом был, есть что-то ещё и это что-то обязательно надо найти. Пока я был в блуждающем лесу, то, казалось, вот сейчас всё брошу и пойду искать. К счастью, когда вышел, то всё сразу и прошло. Только иногда нет-нет, да и вспомнится. Зармарский врач из Альтеша мне как-то говорил, что это болезнь блуждающего леса, и она абсолютно неизлечима, хотя с годами всё слабеет и слабеет. Самих то зармарцев и на верёвке в Ивералор не затащишь. Да, что ни говори, а блуждающий лес, это то, чего даже в зармаре боятся.

Мимо проплыло несколько кораблей. Два купеческих из Гиста, города базара с острова в устье Велиона. Один корабль был зармарским.

– Он тут на рейде, – сказал капитан. – Подплываем к форту Альтеш. сюда вы и плыли, а нам дальше».

...Форт Альтеш стоял на высоком большом холме, опоясывая его стенами по кругу. В центре высилось несколько башен. Рядом был порт – на рейде стояли военные корабли, рыбацкие были заняты ловом, несколько торговых кораблей из Гиста и Ариэля разгружали свои товары в порту.

«Слава независимости Ариэля» пришвартовался возле свободного помоста. Капитан и старший помощник сошли на берег и отправились к зармарскому портовому чиновнику, чтобы пройти регистрацию и заплатить налог.

Путники сошли на берег, где их встретило несколько десятков зармарских воинов. Все они были в одинаковых чёрных плащах с жёлтой окантовкой. На плащах и на стальных нагрудниках красовалась эмблема зармара – восьмиконечная звезда с вписанным глазом. Звезда означала, что именно зармарцы – подлинные наследники перворождённых и самые настоящие люди, венец развития цивилизации. А глаз был одним из символов чёрного властелина, которого тут почитали.

Всё это знали Эктор и Аркивасса, которые хотели представить всех путников путешественниками, и тем самым обеспечить проход по империи.

– Добро пожаловать в великий Зармар! Приветствовал их офицер в открытом шлеме с навершием в виде дракона. Но что я вижу? – среди вас стелары.

– Ну, так что из этого? – буркнул Эктор.

– Со стеларами мы ведём войну. Поэтому их надо отправить на опыты, – офицер обратился к стоявшему рядом зармарцу без оружия, но со свитком бумаги, чернильницей и пером.

Писец заскрипел пером по бумаге.

– Остальных, очевидно, на работы, – продолжал офицер.

– Да вы что, какие ещё работы! – воскликнул Аркивасса. – Мы гости империи!

– Это не меняет дела. Сдавайте оружие и стройтесь в колонну.

Стелары выхватили топоры. Зармарцы тоже схватились за оружие.

– Живыми, брать живыми, империи нужны рабочие руки, – кричал офицер.

Стелары умело держали оборону, да и зармарцы не рвались в бой. Вместо этого они откуда-то вытащили арбалеты, заряженные, как оказалось, не стрелами, а сетями. Всего несколькими выстрелами они запутали в сетях стеларов и древками копий нанесли им несколько ударов. Руки им связали верёвками, как и всем остальным путникам.

Когда солдаты подошли к Эрайе, он закричал:

– Подождите, это ошибка. Я не могу быть пленником, я сам шел в зармар, чтобы стать гражданином империи и служить Сету.

– Господин, слышите, что он говорит? – обратились солдаты к офицеру.

– Ты что, серьёзно хочешь стать зармарцем? – спросил Эрайю подоспевший офицер.

– Я только ради этого и шёл с ними, прошу мне поверить.

– Веруешь ли ты в могущество тёмного властелина?

– Верую, и пришёл ему служить.

– Да, – задумался офицер, – ни один шпион, ни с юга, ни с востока так не скажет. Развяжите его и отправьте в Ньюлл – там ему помогут стать полноценным гражданином – империи всегда нужны новые люди и империя принимает всех, кем бы они ни были в прошлом. Стеларов на опыты; продолжил офицер, а остальных на работы. Где им работать решим в соответствии с новым правительственным списком.

– Они будут рабами? – спросил Эрайа.

– Что ты? – удивился офицер, – в Зармарской империи рабства нет. Но зато есть работы, которыми занимаются иностранцы. Иностранцев для этого приходится ловить нам, пограничным стражам, как ты и сам понимаешь.

– Я думаю это вполне справедливо, – согласился Эрайа. – они совершенно не понимают ни великолепия империи, ни величия властелина. Особенно – она, – Эрайа показал на Миралайн.

– А кто она? – спросил офицер.

– Она мираэл, – сообщил довольный Эрайа.

– Мираэл? Их давно уже нет, или ты не знаешь?

– Но она именно мираэл и враг Сета.

– Да ты, я вижу, не совсем здоров, – нахмурился офицер. Говорю тебе – мираэлы – старая сказка, из тех, которые любят рассказывать глупые варвары с юга. Впрочем – чего ещё ждать от варвара вроде тебя? Я думаю, прежде чем отправить тебя в Ньюлл, тебе следует пройти курс лечения у альтешского психоаналитика. Не волнуйся – он отличный специалист и мигом тебя вылечит.

– Уведите всех, – распорядился офицер солдатам.

…Таким был первый день пребывания путников в Зармарской империи. Эрайа был рад – его мечта наконец исполнилась, хотя офицер и объяснил ему, что для того, чтобы стать настоящим зармарцем, ему предстоит пройти курс лечения. Но это пустяки. Скоро он станет тем, кем всегда желал быть. Жаль только, что все остальные не оценили красоты зармара, за что, впрочем, и пострадали. Когда он станет настоящим зармарцем, он, быть может, заступится за них. А может статься, что они сами, насмотревшись на мощь и красоту империи, пожелают стать зармарцами тоже. Наверняка им не откажут…

«Было бы хорошо, – думал Эрайа засыпая, – И как красиво в постоялом дворе этого Альтеша. Совсем не то, что в Леттеране. Так уютно и удобно. Одним словом – цивилизация. Тут даже есть трубы из которых течёт горячая вода – чудо инженерной мысли. Скоро он и сам будет служить всему миру, служа зармару. Вот это будет время… А ещё нужно обязательно увидеть великого Сета которому я служу».

Единственное, что не давало Эрайе покоя, это квиалор. Он достал камень. Тихий свет квиалора внезапно пробудил в нём жалость к спутникам, которых отправили частью на какие-то опыты, а частью на не менее непонятные работы. Эрайа усилием отогнал чувство жалости и решил, что они даже нехотя служа зармару, послужат тем самым преображению всего человечества в единую новую страну, в которой все будут сыты и довольны. О появлении в мире такой страны Эрайа мечтал ещё в университете. Сейчас это и есть империя. С этими мыслями он заснул.

ВОЙНА В ТОЛКАРРЕ

В то время как отряд направлялся к Зармарской империи, на юге полыхало пламя войны.

Император Джог Каэр Юзвен Четвёртый издал указ, который был одобрен и принят высшим советом империи (без согласия которого указы императора не имели силы) и часть легионов огромной имперской армии переправившись через реку Форгéл отправилась в поход на Толкарру.

Тут были и знаменитые чёрные гвардейцы легиона Виерн Трэйтар (чудовища войны) и Раг Иавуд (тёмный дракон) и Венис Градем (путь битвы) и многие другие прославленные в сражениях легионы.

Через Форгел переправлялись несколько дней и наконец на южном берегу реки выстроились конники и пехотинцы, тяжелая пехота и рыцарская конница, а также особые отряды горных егерей обучавшиеся в Унфарлоре.

Зармарцы шли не одни. К ним присоединились наёмники из Стигии, города, в котором не было правителя и вся власть принадлежала военным и разбойникам. Стигийцы никому не служили, но охотно становились наёмниками той стороны, которая платила больше.

Были тут и тёмные стелары подгорного королевства Унфарлор.

История их такова. Семьсот лет назад в Леттеране был поднят мятеж. Но войска совета одолели мятежников и те бежали на двух кораблях в новый, неизвестные им земли и так остановились у горной цепи, о которой ничего не знали в Леттеране. Вскоре бежавшие стелары нашли в том краю подгорные пещеры и назвали их Унфарлор или подземная страна. Они горели стыдом и жаждой мщения, но не знали, как исполнить своё желание. И тогда, так по крайней мере, сказано в легендах, к ним явились марраги которые предложили стеларам могущество взамен на служение Сету. И те, ослеплённые ненавистью, согласились, назвав себя тёмными стеларами или на стеларском языке: «а́-стела́р-шенга́р».

Вскоре после этого они наткнулись в горах на богатую золотую жилу, что позволило им быстро расти и развиваться и уже спустя 200 лет во всём мире знали о тёмных стеларах и их желании править заодно и в Толкарре.

От них с зармарцами шли два больших отряда, облачённых по стеларскому обычаю в кольчуги и хауберты, а те, кто побогаче, были в пластинчатых доспехах и полных шлемах. Оружием им служили секиры, топоры, клевцы и молоты, а защищались они широкими круглыми щитами.

Объявленной целью войны была помощь миротворческой зармарской армии угнетённым стеларам Толкарры, правители которых не дают им насладиться подлинно правильным образом жизни, то есть, зармарским. Но говорили так же, что истинной целью войны был чуть ли не приказ самого Сета, которому понадобился какой-то важный и древний камень найденный в Толкарре. Но как бы то ни было на самом деле, империя была не прочь расширить сферу своего влияния, и огромная армия выступила в поход.

Генералом зармарских легионов был прославленный полководец Кейду́н, который некоторое время назад организовал захват Леттерана. Тёмными стеларами предводительствовал Гамирге́н, лучший военноначальник королевы Унфарлора Илири́с.

Шестьдесят кораблей сопровождали и поддерживали армию с моря. Из них двадцать были боевыми, а остальные везли фураж, пищу и снаряжение. Флот планировалось в конце концов бросить на стеларские дракары стоящие в Ридигифио́не, небольшом стеларском порту.

Армия прошла мимо людского города Армириа́га. Правитель города выйдя к войскам разговаривал с Кейдуном и обещал многие льготы для зармарских купцов, чтобы только армия прошла мимо. Кейдун согласился. В конце концов целью зармара был не захват новых земель, но распространение своего влияния по крайней мере на запад от великой реки Велион. А потом, быть может, и на восток…

Армия стала двигаться ближе к берегам Венниссо́на, вдоль которых шел и флот. Так дошли до Леттерана, где пришлось оставить большой гарнизон так как в городе были беспорядки.

Лорды ренегаты Скиба и Вим заверили Кейдуна, что большая часть горожан довольна новым положением, тем более, что их никто не притесняет, а всячески помогают жить по-новому. Однако остаются в городе и люди древней веры, которые против империи и её порядков. Боясь наказания, многие из них скрывают свои взгляды и распознать их бывает непросто.

Кейдун сказал, что несколько недовольных – это не страшно, и нужно только следить, чтобы у них не было возможности распространять свои взгляды. «В конце концов почти все эти дикари и варвары примут нашу цивилизацию», – объяснил генерал.

Худшей была другая новость – часть горожан узнав о походе ушла в Толкарру, и, несомненно, будет воевать на стороне стеларов и против империи. Но генерал решил, что и это не страшно: «Вот всех мятежников вместе и разобьём».

И армия вступила в стеларские горы. Среди многих гор за века стелары ископали многие пещеры, но Кейдун не собирался пока воевать под землёй. По его приказу солдаты жгли все наземные постройки, перекрывали немногочисленные дороги, резали овец.

Первой же ночью стелары вышли из тайных ходов и напали на врага, но Кейдун был очень опытным полководцем, все его солдаты были начеку и ждали ночного нападения, которое легко отбили.

Потянулись долгие дни войны. Стелары храбро сражались с врагом то тут, то там, но эти стычки, хотя и многочисленные, не могли ни решить исход войны, ни остановить зармарцев. В пещеры зармарцы не лезли, но расчёт Кейдуна был верным — в одних только пещерах долго не проживёшь, нужна ещё и пища, а её стелары добывали на поверхности гор, разводя стада, которые пока что и были главным объектом атак зармарцев. Пути, по которым в горы везли продовольствие, тоже были перекрыты и так долго продолжаться не могло. Понимали это и сами стелары, и, хотя горы велики и можно было бы прятаться и дальше, но не в обычае стеларов трусить перед врагом. Поэтому по приказу короля Толкарры Орбура стеларское войско вышло на поверхность у входа в главную сеть пещер, великий подземный город.

Войско стеларов при всей его доблести и отваге значительно уступало врагу в численности. Но армии врага были растянуты по горной цепи и стелары, пройдя боевым маршем, напали на ближайший зармарский отряд. Битва была жестокой, но не долгой, и отряд зармарцев бежал, а стелары, победно подняв стяг Толкарры, белый камень квиалор на чёрном фоне, бросились искать врага.

Но опытен был старый зармарский генерал Кейдун и немало времени он обдумывал стратегию войны со стеларами. Основные силы его были сосредоточены рядом с горами, хотя многочисленные отряды и вступили в страну стеларов. Так он поступил в ожидании момента, пока стелары поднимутся на поверхность и вступят в бой. Поэтому, узнав о стеларском войске, он тут же повёл легионы навстречу ему. Шли осторожно и умело, прикрывая фланги и тыл от возможного нападения. Обе силы встретились у подножия вулкана Алькарага́р, что означает «огненная гора». Стеларам помогали и немногочисленные горожане из Леттерана, оставшиеся верными старине. Вёл войско сам король Орбур.

С криками «Толкарра» стелары врезались в зармарский строй. И так силён был этот натиск, что дрогнуло зармарское воинство перед яростью стеларов защищавших свою землю от ненавистного врага. Долго длилась битва, и временами казалось, что немногочисленное стеларское воинство одолеет и сбросит с гор зармарцев. Но генерал Кейдун знал, что делал. Пока битва шла у Алькарагара тёмные стелары Унфарлора и горные егеря вступили в почти неохраняемые пещеры центра горного королевства. Они рубили топорами немногочисленных защитников, и, помня по рассказам предков расположение пещер, вскоре дошли до тронного зала. Там был верховный советник, и он, осмотрительный и боязливый, пообещал служить новой силе и призвать стеларов к капитуляции.

…Много славных деяний совершили стелары в той битве, но ряды их таяли, а Кейдун всё время посылал в бой свежие силы.

Примчался гонец из Толкарры и попросил встречи с королём. Орбур покинул место схватки и предстал перед гонцом, окровавленный, со многими ранами.

– Советник Гри́мин объявил капитуляцию и предлагает и вам сложить оружие. В пещерах везде тёмное отродье из Унфарлора. И гонец заплакал.

– Как тебя зовут? – спросил король гонца.

— Боуги. Я был стражем башни третьей северо-западной дороги.

— Не годится стелару сдаваться, потому что лучше умереть за тех, кто тебе дорог, чем жить зная, что мог бы их защитить и не защитил. А если ты видел красоту равной которой нет, то все твои битвы будут во славу этой красоты и сдаться тогда это тоже самое, что предать нечто, что выше тебя и доверчиво не ждёт предательства.

Орбур вспомнил квиалор.

— Мы отступим в Ридигифион, — сказал он оруженосцам, трубите войску.

И затрубили рога, а стелары, утомлённые долгой битвой, но не сломленные, со многими потерями отходили к порту Ридигифион. Зармарская армия, изрядно поредевшая, но всё ещё очень большая, шла за ними по пятам, но у порта остановилась на скалах.

Но когда стелары спустились с гор, то увидели, что в гавани стоят зармарские корабли, Ридигифион горит, а немногие его защитники убиты.

— Воистину, в горький час и на горе родились мы на земле, когда в мире не остаётся надежды свету! — воскликнул Боуги.

— Надежды не может не быть, — отвечал ему Орбур, — просто она не так явно действует, как силы тьмы, но и победа её – в конце.

— Что нам делать, повелитель? — спрашивали короля стелары.

— Умереть за то, что мы считаем дороже жизни. За нашу родную землю, за вновь явленный миру квиалор.

И стелары, высоко подняв знамёна с белым камнем, приготовились встретить смерть. Как вдруг закатный залив огласился новыми звуками, то были звуки рогов с мираэльских кораблей, которые всегда знают, где в мире беда и приходят на помощь. Дивно прекрасные корабли схватились с зармарским флотом и быстро разметали его. Светом небесного города сияли лики мираэлов, высадившихся на побережье Ридигифиона.

– Скорее к нам, на корабли, мы увезём вас, – кричали они людям и стеларам.

Генерал Кейдун увидев с гор неожиданно подоспевшую помощь, крикнул своим офицерам:

– Скорее вниз! Убейте их всех. Там самые малочисленные и самые страшные враги империи.

С Кейдуном всё время был зармарский маг из великих посвящённых, который должен был поддерживать войско, и генерал хотел направить его в бой, но оказалось, что, завидя мираэлов, тот бежал и никто не знал, куда он делся.

– Они идут, – сказал Орбур. – пускай со мной останется сотня щитоносцев, а остальные идите на корабли и спасайтесь.

Так и сделали. И посадку людей и стеларов на корабли прикрывала всего лишь сотня бойцов во главе со своим королём. Они стали стеной, сомкнув щиты, и зармарцы со стигийцами нападали и откатывались от них, как волны прибоя у гранитных скал. Но и стеларов с каждым разом становилось всё меньше и меньше. Последними уцелевшими были Орбур и Боуги, ставшие теперь спиной к спине.

– Как хорошо всё-таки жить, – сказал Боуги королю, отбиваясь от врагов.

– Хорошо жить, когда видел свет и служил ему. А нам с тобой было даровано и то, и другое, – отвечал Орбур.

Храбро сражались Орбур и Боуги, и это были последние их слова. Они оба одновременно упали на землю, покрытые множеством ран, и Боуги, по обычаю своего народа повернул лицо к горам Толкарры, а король – к мираэльским кораблям, и в лучах заката ему показалось, что ярче уходящего солнца сияют эти корабли и все те, кто плывёт на них.

Так окончилась великая битва за Толкарру, и хотя ещё много стычек было в горах со стеларами, но могущество горного королевства было сломлено и не вернулось уже никогда. Правителем Толкарры Кейдун поставил советника Гримина, но зармарцам было понятно, что удержать стеларов в повиновении можно только силой оружия, а страна была велика, и обходить её всю зармарцы не собирались. На помощь Гримину оставили часть тёмных стеларов Унфарлора, и Кейдун заключил мир с Толкаррой, обеспечив при этом зармару контроль над экономикой горного королевства.

Квиалор, который и был одной из главных целей похода, не был найден, как не был найден и сопровождавший армию маг. Последнее обстоятельство было приятно Кейдуну, который терпеть не мог великих посвящённых, так как они всегда пытались навязать свою волю империи, в обход законов, совета и императора.

В Лавионе Кейдуна ругали, что он не смог узнать, куда отплыли миразлы, но это осталось тайной не только для зармарцев, но и вообще для всех, и древние легенды ничего не говорят о том, где живут теперь те, кого миразлы спасли.

Но память о короле Орбуре и его воинах ещё долго жила среди народа стеларов, хотя многие другие сказания древности были утеряны и забыты.

ЭРАЙА ЗАРМАРЕЦ

Проснулся Эрайа потому, что ему хотелось есть. За те несколько месяцев, которые прошли с начала его путешествия, ему никак не удавалось поесть, как следует. Он огляделся и вспомнил, что лежит на кровати в одном из фортов Зармарской империи, а точнее на постоялом его дворе. Он встал, вышел из комнаты, и, пройдя по длинному коридору, попал в трактирный зал. Посетителей ещё не было, только средних лет толстый зармарец стоял за трактирной стойкой. На Эрайю он не обратил внимания.

— Я бы хотел поесть, — начал Эрайа, — только у меня нет денег.

Трактирщик окинул его презрительным взглядом и произнёс:

— Солдаты сказали, что ночевал ты сегодня за счёт империи, но кормить тебя за просто так я не обязан. Плати и ешь.

— Ты что? Поразился Эрайа; я же зармарец, такой, как и ты. Или зармарцы не должны помогать друг другу?

— С каких это пор? — поинтересовался трактирщик. — Я помогу только своему компаньону по этому вот трактиру. А зармарцы, чтоб ты знал, должны помогать только сами себе. Тогда они будут сверхлюдьми, или истинными людьми.

— Так что же ты мне не поможешь?

— Я помогу каждому, кто заплатит. Если ты достоин помощи — прояви это толщиной кошелька, а если не достоин – оформляй имперскую субсидию. Пусть тебе тогда помогают те, кто за это деньги получает.

– Ну, скажи тогда хотя бы, где тут у вас врач психоаналитик?

– А, это там, третий поворот от трактира налево, – отвечал трактирщик, – найдёшь легко.

Ошарашенный Эрайа вышел из трактира и отправился в указанном направлении. «Какой-то странный зармарец», – думал Эрайа. «Совсем не герой и не сверхчеловек. Как говорится – первый блин комом. Ну, ничего. Посмотрим, что нам скажет этот самый врач».

…Психоаналитик жил в двухэтажном домике с открытой террасой. О приходе пациента он был уже предупреждён: «Не волнуйтесь, все расходы оплатит империя», – сказал он Эрайе.

Психоаналитика звали Рор. Он повёл Эрайу на террасу, сказал ему лечь на диван, а сам, сидя на стульчике сбоку, предложил тому рассказать о себе.

– Меня зовут Эрайа Глопен, мне 19 лет, родился я в Леттеране, но всегда мечтал стать зармарцем и служить Сету.

– Леттеран, это такой варварский город где-то на юге? – спросил Рор.

– Это очень большой город, но наши войска захватили его совсем недавно. Моя бабушка подарила мне камень, который я хочу подарить самому чёрному властелину. Говорят, что он очень дорог, а Миралайн называла его квиалором.

– А кто такая Миралайн? – спросил его Рор.

– Она – настоящий мираэл, а на берегу оказалась случайно.

«Пациент верит в мираэлов» – записал Рор на бумаге, вслух проговаривая слова.

– Что значит «верит»? – возмутился Эрайа. – Говорю же вам, что я видел живого мираэла.

«Шизоидная галлюциногенная патология», – записал доктор.

– Да вы что! Какая там патология, говорю же вам, что та дева, которую вчера на берегу схватили солдаты – мираэл. Именно она узнала мой камень.

– А что за камень? – спросил доктор.

Эрайа с гордостью достал из нагрудного кармана квиалор. Доктор осмотрел камень и презрительно скривился.

– Да это же обыкновенное стекло! – сказал он.

– Нет, говорю же вам, это тот квиалор о котором сами мираэлы рассказывают столько легенд. И я несу его, чтобы подарить Сету.

– Какой сложный случай, – пробормотал психоаналитик.

Он достал пустой бланк, на котором на всеобщем языке было написано: «Диагноз-удостоверение личности».

– Сложный у вас случай, – сказал Рор. – Я его вылечить не смогу, но даю вам направление в психоаналитическую клинику в Лавионе. Это столица Зармарской империи, если вы не знаете. А поскольку вы, как мне объяснили, у нас новичок, то должен вам сказать, что ни один зармарец не может быть полноправным гражданином империи, если у него нет справки от психоаналитика о том, что он здоров. Но я верю в специалистов из Лавиона – они вас быстро поставят на ноги.

И доктор, записав в диагнозе: «шизоидная квиалоромания на фоне острого мираэлического синдрома» протянул листок Эрайе. «Это покажете в клинике, а также предъявите стражам порядка, если те потребуют. Это ваше удостоверение личности».

И психоаналитик проводил Эрайу к выходу.

Эрайа отправился к старшему офицеру, который вчера направил его к Рору, и, показав офицеру бумагу, данную ему доктором, сказал, что ему нужно в Лавион.

— Да, плохи твои дела, — сказал офицер, прочитав диагноз. — Но ничего — в Лавионе тебя быстро вылечат, ещё будешь служить в армии или там где... Я распоряжусь, и в столицу тебя отвезут почтовой каретой.

— Нельзя ли поесть? — Взмолился Эрайа.

— Да у тебя же, наверное, совсем нет денег?

— Совсем нет!

Тогда ты как варвар, но будущий гражданин, можешь оформить ссуду у империи. Тебе откроют счёт в имперском банке, но взамен ты, став гражданином, обязуешься вечно служить империи.

— Вечно? — Удивился Эрайа, — но я же этого и хочу!

— Ну да, вечно, до смерти, а если наши учёные откроют вечную жизнь или там Сет сделает нас бессмертными — тогда ты будешь служить империи всего лишь половину вечности, всё это предусмотрено контрактом.

И офицер отвёл Эрайю в отделение имперского банка бывшее в форте Альтеш. Опытный клерк мигом оформил все бумаги и теперь у Эрайи был счёт на 100 монет, которые он мог получить когда угодно.

...Наутро отправлялись почтовые лошади и Эрайю устроили в закрытой почтовой карете, шедшей в Лавион. Эрайе не очень понравилось, что в карете нет окон и он не сможет смотреть по сторонам, а ему очень хотелось увидеть как можно больше. Он пожаловался на это неудобство вознице, но тот только пожал плечами и велел Эрайе быстрее залезать. Возница закрыл за ним дверь, и карета тронулась. Так Эрайа приехал в Лавион, великий и славный город, о котором одни мечтали, а другие плакали...

...Карета остановилась у городских ворот, и возница выпустил Эрайю. Стражи порядка, осмотрев удостоверения личности, пропустили всех. Эрайа осведомился, где здесь психоаналитическая больница и ему назвали квартал и улицу находившиеся в глубине города далеко за центральной площадью. Чтоб добраться до этой площади, которая, как ему сказали, носила название «Площадь свободы», можно было воспользоваться услугами городских возниц, что Эрайа и сделал.

Пока они ехали к площади, Эрайа оглядывался по сторонам. Лавион поражал своим великолепием. Дома огромные и маленькие, но все очень ухоженные и красивые, гораздо красивее, чем в Леттеране. Газоны вокруг домов были многочисленны, иногда попадались статуи учёных, императоров и героев. Некоторые здания были столь велики, что Эрайа не мог даже сосчитать, сколько в них этажей.

Он вышел на главной городской площади. Вопреки его ожиданиям, тут был не императорский дворец, которого он пока что так и не увидел, а огромное круглое здание, поддерживаемое многочисленными колоннами. На крыше здания был укреплён глаз, сделанный, кажется, из камня. По левую сторону от здания возвышалась исполинская статуя похожая на человека с головой дракона.

– Что это? – спросил поражённый Эрайа.

– Это статуя свободы, – отвечал ему тотчас подошедший молодой зармарец, которому на вид лет было меньше, чем Эрайе.

– Свободы? А зачем она тут? И что это значит?

– Это символ нашей империи, – отвечал ец. – Свобода – как абсолютный идеал зармара и вообще всех.

– А это что? – Спросил Эрайа, указывая рукой на здание с колоннами.

– Это храм Сета, самый большой и единственный в империи.

– Разве в других городах храмов Сета нет? – Спроси Эрайа молодого зармарца.

– Нет. Да и зачем. Мы ведь ему не поклоняемся и не служим. Между нами есть договор – он помогает нам, а мы взамен исполняем некоторые его желания. Мы его зовём «друг наш Сет».

Эрайа удивился, однако, совладав с собой, кивнул своему собеседнику.

— Спасибо, что ответил на мои вопросы. А то пока что все ко мне отнеслись довольно холодно.

— Не за что. С вас две монеты.

— Что???

— Это моя работа — отвечать на вопросы. Я подрабатываю гидом для приезжих, пока в университете выходные дни.

Эрайа молча рассчитался с молодым зармарцем и отправился к храму. Поднимаясь по ступеням, он внезапно ощутил вокруг сердца тьму и пустоту, и казалось, единственное что хранило его душу от этой тьмы — это висевший на груди квиалор. Эрайа всем телом ощутил незримое сияние камня. Оно охватило его всего и тьма рассеялась. Эрайа переступил порог, открыв огромную дверь, украшенную резными змеями и драконам.

— Заходи, заходи, почтенный адепт, — он тут же услышал чей-то голос. Повернувшись на голос, Эрайа увидел низкорослого жреца в балахоне с капюшоном. На груди у него висела большая коробка с прорезью для монет.

— Ты пришёл почтить Сета? — Продолжал жрец. — Похвально. Как ты знаешь, Сет ни в чём не нуждается, и почтить его — значит почтить его жрецов. Итак, сколько десятков монет ты хочешь пожертвовать на храм?

Эрайа объяснил, что не может пожертвовать так много. Жрец возмутился и стал кричать:

— Убирайся прочь, оборванец! Сету не нужны бедные адепты! Иди лучше сторожить навоз на конюшне!

Эрайа выбежал из храма. «На сегодня хватит», — решил он, и остаток дня провёл на постоялом дворе неподалёку от площади. Ночью ему снилась Миралайн.

Наутро Эрайа отправился в психоаналитическую больницу. Найти её было не просто. Он совершенно не знал город, а дорогу никто показать ему не хотел, так как все зармарцы спешили куда-то по своим делам. Два дня искал он больницу, пока, наконец, попал туда и оказался на приёме у известного психоаналитика Гурлафа.

Тот, взяв диагноз Эрайи и его историю болезни, стал внимательно изучать их. Потом Гурлаф спросил:

– Тут написано, что вы верите в драконов, это правда?

– Да.

– И давно это у вас?

– С тех пор как мы летели на драконе в Ариэль, – простодушно заметил Эрайа.

– Вот как? – Доктор задумался, вздохнул и спросил – Как вам у нас в зармаре?

– Честно говоря, мне немного странно. Все куда-то спешат, никому ни до кого нет дела... Мне кажется, что кое-что тут надо было бы изменить...

– Изменить? – Удивился доктор Гурлаф. – Разве можно что-то менять в совершенстве, в исполненной утопии?

– Ну, не всё, – замялся Эрайа, – но кое-что, по мелочам...

– Вы откуда сами?

– Из Леттерана.

– Варварское место.

– Не такое уж варварское. У нас был университет. Хотя, конечно, не сравнить с империей.

Гурлаф задумался, а потом медленно произнёс:

– Я задам вам всего один вопрос и от вашего ответа будет зависеть ваш статус в империи. Скажите, вы действительно видели мираэлов, как написано в истории болезни? Или не видели? – Гурлаф протянул: «Не».

– Видел, конечно, – Эрайа обрадовался тому, что хоть чем-то может послужить зармару.

Психоаналитик глубоко вздохнул и написал в диагнозе удостоверении личности Эрайи следующее: «Психоз варварского сознания на фоне параноидального несогласия с имперским благом и образом жизни».

И Эрайа вынужден был уйти, потому что доктор ни о чём больше не хотел говорить.

…Он много ходил по городу, и происходившее с ним удивляло его всё больше.

Так, он повстречал фабриканта повозок, искавшего рабочих. «Ты просто обязан где-то работать», – объяснил ему фабрикант. «Каждый зармарец для своего дела. Или ты не знаешь, что, только трудясь, мы становимся богаты, а значит нужны друг другу и Сету. Каждый нужен по мере своего богатства».

– А как много надо работать? – спросил Эрайа фабриканта.

– С понедельника по пятницу, с восьми до пяти и так до самой смерти.

– Но это нужно для блага империи? – снова спросил Эрайа.

– Плевал я на благо империи, – отвечал фабрикант. – Нам с тобой это нужно для блага тебя и меня. Чтоб в кармане звенело.

В другой раз Эрайа в своих походах по городу зашёл в лавку преображенных тел. Но там, как, оказалось, делали всего-навсего татуировки да вдевали колечки в тело или части лица. Ему сказали, что такие развлечения по душе зармарской молодёжи. Эрайа направился к выходу.

– Постойте! – кричал ему вслед продавец. – У нас ещё есть средства для преображения сознания. Только сегодня утром подвезли. Отличные мухоморы…

«Это не зармар», – думал Эрайа. «Это не то, что я себе представлял. Единственное, ради чего стоит жить – это сам Сет и верные его последователи. Я ещё таких не встретил, но они несомненно должны быть, потому что, как я думаю, на тех, кто по-настоящему верен Сету и держится вся империя. Но где их найти?».

И Эрайа отправился в лавионский университет. Там им заинтересовался профессор этнологии, как носителем феномена варварского сознания. Профессор решил его протестировать. Первым был задан вопрос: «Презираете ли вы своих родителей?». Эрайа ответил, что родителей он не помнит, а бабушку свою очень любил. Это возмутило профессора, который сказал Эрайе, что великий Сет заповедал любить только себя.

Эрайа сказал, что он и пришёл сюда, чтобы послужить Сету, так как считает, что признаком истинного зармарца является именно это служение.

– А вы видели Сета? – спросил Эрайа профессора.

– Мне нет дела до Сета, – отвечал профессор, – потому что не Сет мне платит зарплату. Я только пользуюсь его философией, которую считаю прогрессивной.

– А как мне найти Сета? – спросил Эрайа.

– Насколько я знаю, он иногда бывает в своей башне Стелфарраке. Это на севере империи.

– А как туда попасть?

– У нас в университете есть общество истинных поклонников Сета. Они собираются по пятницам в тринадцатой аудитории.

…Эрайа с трудом дождался пятницы и снова пришёл в университет. В тринадцатой аудитории сидели молодые и средних лет зармарцы с решительными лицами. А какой-то зармарец в балахоне говорил речь:

– Будущие великие воины зармара! Мы собрались сегодня ещё раз напомнить каждому из нас, что есть одно только средство, которое преобразит мир – решительность и сила, в которой нет места ни глупой жалости, ни жалким варварским сказкам.

— А наука? — Выкрикнул кто-то из-за парты.

— И наука! — Подтвердил зармарец в балахоне, — Конечно, с помощью нашей науки мы вырвем все тайны у мироздания и перекроим его так, как захотим сами. Мы — несокрушимы. Наша сила — это сила победоносного Сета, которую он щедро даёт всем нам!

Напоминаю, что ровно через неделю мы идём в Стелфаррак. Хотя мы ещё не решили нашу главную проблему…

Все дружно закричали: «Точно!», «Наконец-то!», «Чёрный властелин укрепит наши силы!».

— И я с вами хочу! — закричал Эрайа.

— А ты кто такой и чего сюда пришёл? — спросил зармарец в балахоне, — наше общество закрытое, студентам младших курсов сюда ещё рано.

— Но я вовсе не студент. Я был варваром из Леттерана, а теперь я зармарец как и вы, и больше всего хочу послужить чёрному владыке.

— Бывший варвар? А ну-ка, дай своё удостоверение личности.

Эрайа протянул диагноз. Зармарец внимательно изучил записи, а потом сказал собравшимся:

— А знаете, пусть-ка он идёт с нами. Похоже, именно он и есть тот, кто является решением нашей главной проблемы…

— Замечательно! — закричали все. Значит пусть идёт с нами!!!

— Мы выступаем через неделю от главных городских ворот рано утром. Ехать будем вначале на лошадях (тебе мы приведём лошадь) но в нескольких милях от Стелфаррака мы их оставим, потому что животные боятся подходить к великой тёмной башне. Только зармарцы настолько прогрессивны, что осмеливаются на это. Ну, до встречи…

ОРВИЛИЯ

Когда Эрайю увезли в Лавион, отряд разделили на две части. Связанных стеларов посадили в повозку и тоже повезли в Лавион. Им объяснили, что над ними будут ставить опыты в университете. Их препарируют, что весьма поможет и зармарской науке в целом и ходу войны с Толкаррой, в частности.

Элиаса, Эстэлиана и Миралайн тоже связали, но отправили на другой повозке и совсем в другое место.

— Их в Ньюлл, — сказал офицер солдатам сопроводителям. — Там какая-то Орвилия заказала троих слуг чужестранцев. Груз ею оплачен. Куда точно везти — посмотрите в накладной.

Как ни странно, но лук и меч Эстэлиана тоже сложили в повозку. «Эта Орвилия хочет, чтобы слуги были в национальных дикарских костюмах», — объяснил солдатам офицер.

Везли их долго и всё больше по сельской местности. Как оказалось, повозка направлялась не в сам зармарский город Ньюлл, а в одно из его предместий, на окраину где не было городской стены.

Орвилия жила на большой вилле в предместье Ньюлла. Когда повозка добралась до места назначения у красивых узорчатых ворот с надписью: «Вилла Орвилии», их встретил старший слуга домоправитель.

— Развяжите их, — сказал он солдатам. Всё равно они теперь не убегут, хотя бы потому, что не знают дороги, да в Зармаре особенно и не убежишь.

Рассчитавшись с солдатами домоправитель повёл всех троих за собой, по саду с речкой и фонтанами, вглубь, к большому двухэтажному дому с террасами и балконами.

— Меня зовут Ормиар, и сам я не зармарец, а из Гиста, — наконец представился домоправитель.

— Там, — он махнул рукой, — город Ньюлл. А мы с вами сейчас, как вы могли прочесть у входа (если вы, конечно, умеете читать) в поместье знатной зармарской дамы Орвилии. Она поручила мне рассказать вам зачем вы тут нужны и каковы будут ваши обязанности.

— Орвилия живёт тут без мужа, которого убили на войне 14 лет назад, но живёт она не одна. С ней, как это ни странно для зармара, живёт её ребёнок. Если вы что-то знаете о зармаре, то вы должны знать и то, что зармарцы родив детей не воспитывают их. Это не принято, да и дети мешают родителям устраивать личную жизнь и карьеру. Поэтому сразу по рождении детей отдают в спецдома, где с ними занимаются отличные специалисты. И так до 18 лет, пока ребёнок не вступит в права наследия — тогда он юридически может вернуться в свой дом. Но на практике возвращаются далеко не все — просто потому, что не хотят, а долю наследства можно получить и через банк.

Для вас, я думаю, это странно, но в зармаре так принято. Я, впрочем, тоже привык совсем к другому, так как я, как уже говорил, из Гиста. Там, конечно, тоже не все хотят детей воспитывать, но до зармарской системы тамошняя цивилизация ещё не дошла.

Орвилия же оставила ребёнка у себя. Вообще это строго запрещено потому что ихний Сет считает, что воспитание детей родителями мешает развитию нации в экономическом и военном отношении. Но Орвилия очень богата, хотя ей и приходится постоянно давать взятки, чтоб оставили ребёнка в покое. Но и так ей часто досаждают инспекторы по делам детоведения.

Ярпену, её сыну, 14 лет. Возраст, как вы понимаете, сложный. Но проблема ещё и в том, что Ярпен – ненормальный. Но об этом вам уже она сама расскажет.

Орвилия встретила их на увитой диким виноградом террасе. Слуги налили всем чай и усадили на табуреты. Она была очень красива, лет 35, длинные тёмно-каштановые волосы, чуть-чуть раскосые голубые глаза, и лицо в котором Миралайн сразу разглядела совсем не зармарский свет.

– Как вам уже сказал Ормиар, моего ребёнка наши врачи считают ненорамальным. Заключается это в том, что он любит стихи, не хочет зарабатывать деньги и склонен к сочувствию к слабым. Если у меня болит голова, он обнимает меня за шею и надеется, что голова скоро пройдёт. Вообще, он замечательный мальчик, вы это сами увидите, но врачи говорят, что, если в спецдома доставляют таких детей, их пытаются вылечить, а если это не получается – их приносят в жертву Сету. А я не хочу этого несмотря даже на то, что Сет – покровитель и благодетель нашего народа.

В 18 лет надзор по делам детоведения и детосборки по закону прекращается, но до этого времени ещё 4 года, и это сложные годы.

А Ярпен, между тем, очень любознателен и больше всего любит истории о разных странах и песни с легендами дальних варварских земель. Поэтому я оплатила заказ на троих слуг варваров и вас привезли сюда. Вам будет не тяжело здесь, вы только должны будете рассказывать моему сыну легенды и петь песни. Вы это умеете?

– Мама, мама, а я слушал всё за дверью, ты не обидишься? – Вбежал на террасу сам Ярпен. – Эти дяди и тётя будут мне рассказывать легенды? А они умеют петь?

Орвилия выжидательно посмотрела на Эстэлиана, Элиаса и Миралайн.

– Я попробую, – сказал Эстэлиан. – Мы, лорды леса, знаем очень много песен.

Слуга принёс ему лютню и Эстэлиан запел. Вот его песня. Это песня о дереве, одном из любимых его древ из леса Василисков.

Ты недвижно стоишь и ты знаешь о чуде
Твоей жизни начало известно тебе
Все деревья в наш мир попадают оттуда
Где последнее небо сияет в судьбе.

Ты мне весть из страны никогда где я не был
Не врата – но письмо из последней земли.
Что реальней всего, хоть невидящим – небыль
Как не слышащий песни не знает твои.

Та земля вся в сиянье встаёт небывалом
Но я это сиянье и здесь обрету
Как дорогу туда, что откроется малым
Но таким, кто в другом открывал красоту.

И, обратившись к Миралайн, Эстэлиан сказал: «Эту песню я сложил недавно, она начинается в моём любимом лесу, но продолжается только благодаря тебе».

– И я сложил одну песню. Она на мирайе и поётся в ней о Ниэле, – сказал Элиас.

Anastella sajvelan vikson
Maria niraja ealin
Sul zarmar lor issa kvialor
Al'va sulla dej foreavin.

Al'va n'jukta arra issa dej? –
Venis issa estelar ejdan
Linaveo sul Maria sej
Arkivassa venis evalam.

И хотя никто не сравнится в красоте и мелодичности пения с мираэлами и лордами леса, но и Элиас в этот раз пел светло и прекрасно. Орвилия даже заплакала, а потом спросила:

— Скажи, как на всеобщий язык переводится твоя песнь?

Элиас задумался, а потом сказал: «Примерно так»:

Хозяйка пути волшебной страны
Прекрасная дама которая есть сердце
                              благословенного края
Весь сущий мир есть блаженная земля
Эти слова – день истины.

Что может мощь ночи перед днём?
Верный человек любит тебя
Поёт прекрасной деве звезде
Доблестно поёт на пути промысла.

Как я уже сказал, эта песня посвящена Ниэле.

— А кто это, Ниэла? — спросил Ярпен.

— Об этом я вам очень скоро расскажу, — произнесла Миралайн. — Но вначале, дорогой Ярпен, послушай мою песню. Я сложила её только что, и она о тебе и других таких как ты. Я спою её на всеобщем. И ещё скажу, что эта песня, леди Орвилия, в равной мере и о тебе.

Во всём мире бывает так сложно
Что порою нет силы и ждать

Чтоб ушло, наконец, что тревожит
И чтоб было возможно узнать

О конце путешествия раньше
И надежды изведать конец
И придёт ли родившийся мальчик
В занебесный последний дворец?

Но одно только мы точно знаем
Что все те, кто небесного ждал
Его в срок на пути повстречали
И их путь их же славою стал.

…Так потекли дни на вилле Орвилии. От рассказов Миралайн, Эстэлиана и Эрайи Орвилия часто плакала, так они её трогали. Приходил послушать и Ормиар: «Это верный слуга и ему можно доверять» – говорила Орвилия.

– Я из рода торговцев, – сказал однажды Ормиар, – и в империю приехал на заработки. Но ваши рассказы напоминают мне мою молодость, когда я даже подумывал о том, чтоб уйти в Ивералор как лорды леса, и жить там как они. Потом увлечение юности прошло, но вас так хорошо слушать, что светлые воспоминания о тех днях возвращаются ко мне.

А они рассказывали о многом: об Арринах и о Сайлоре, о творении мира и о небесном городе, о дальних землях где не все служат Сету и о дивных кораблях которые плывут по меняющемуся морю, сами оставаясь неизменными.

– Но разве мираэлы всю свою жизнь проводят на кораблях? – спрашивали у Миралайн Орвилия с сыном.

– Нет, у нас есть ещё остров в западном океане. Мы зовём его Лор Рик Алларт, а на всеобщем это звучит как «земля за пределом».

Там мы живём подолгу, поём и танцуем и радуемся тому, что свет светит в мире и тьма не объяла его. Там дубы и ясени с золотыми и зелёными листьями, там реки и травы очищенные росою и песнями. На этом острове мы бываем часто, потому что там легче верить, что путь к небесному городу Эвэльтэльма Оссивэн вновь когда-нибудь будет открыт.

– А почему там легче верить? – спросил Ярпен.

– Там, где живут и поют мираэлы, и земля становится мираэльской, особой. Она не только хранит наши песни, но и сама становится то ли песней, то ли сказкой. Об этом острове я тоскую, и туда, на Лор Рик Алларт, я хотела бы вернуться в конце своего пути.

– Расскажи нам ещё об этом острове и про свой народ, – попросили Элиас и Орвилия, – ибо все мы никогда не слыхали, ни о чём подобном.

– Мой народ поёт на том острове дивные песни и пишет картины, и всякое творение моего народа отражает не только замысел создателя, но и благую волю Arринов о том, каким создание должно прийти в бытие. Ибо пред полнотой, из полноты и о полноте совершаем мы свой выбор, когда поём и творим.

Ариа – великая любовь и надежда обитает среди моего народа и она вполне являет себя во всяком нашем деле и слове, да и в мыслях наших живёт она. А если что в нашей душе восстаёт на неё – мы изгоняем злое помышление или чувство памятью об Ариа, и той силой, которую даёт она, или вернее, те силы, которые являют ею себя.

Мы, мираэлы, всегда вместе, даже когда ходим поодиночке, и ничто не властно лишить нас этого великого «вместе», ибо таковы направления наших исканий и помышлений, хотя ещё очень многое можно было бы об этом сказать.

Но море нельзя влить в бутылку, даже если эта бутылка из самого светлого хрусталя, и поэтому многое о моём народе здесь, среди холода сердец и войны почти всех со всеми, показалось бы вам теперь сказкой, хотя каждое моё слово о моём народе – правда.

– В древних легендах сказано, что там, где ступают мираэлы, в мир сходит некий неизреченный свет. Лаин, так, кажется, он зовётся, – сказал Элиас.

Миралайн улыбнулась, но ничего не ответила.

– А разве враги не знают пути на этот остров? – спросил Эстэлиан.

– Главный враг знает, где остров, но не может ни явиться туда, ни знать доподлинно, что творится там. Песни мираэлов, которые они поют Арринам и прочим силам о которых пока нет места говорить, защищают остров от врага лучше стрел и мечей, – отвечала Миралайн. – Но, даже если бы всеобщий враг и смог прийти туда и убить нас всех, он не достиг бы своей цели, ибо цель его – не просто истребить тех, кто светел, но сделать свет подобным себе. К великой скорби, не всегда ему это не удаётся. Ибо и среди моего народа, редко, но появлялись те, кто вольно или невольно служил врагу. И хотя это – редкий случай, но он – наша всеобщая боль, ибо и мираэл может пасть.

– А что вы делаете с теми, с кем случилось подобное? – спросила Орвилия.

– Мы стараемся исцелить такого, а если это невозможно, то отпускаем его в мир – ибо все они очень желают попасть в мир, который им кажется притягательным и заманчивым по причине их отпадения от подлинного света и истинной красоты.

Но это, повторюсь, редкий случай, так как нам известны две величайшие радости в мире: быть причастными свету и нести свет.

И детям, живущим в мире, а так же всем, кто как дети, бывает радостно и светло и легче хранить надежду именно потому, что мы поём свои песни Арринам и Сайлору, хотя и скорбим о том, что путь в небесный город Эвэльтэльма Оссивэн закрыт для всех мираэлов, и для тех, кто как мираэлы, хотя по крови и не мираэл.

Миралайн замолчала и в тот вечер никто не спросил её больше ни о чём, но все сидели тихо и думали о её высоких словах и о том, есть ли ещё надежда для мира, или его безвозвратно поглотит тень, которая всем кроме Миралайн казалась почти всевластной.

В один из таких вечеров, когда Эстэлиан рассказывал о том, как форостелы говорят с деревьями, их неожиданно прервали. Подошедший Ормиар доложил, что к ним пришли два каких-то странных солдата, и они хотят увидеть новых слуг Орвилии. Когда солдат пустили, ими оказались ни кто иные как Эктор и Аркивасса. Узнав, что это стелары, Орвилия вначале поразилась, а потом спросила, откуда они знают её слуг?

И они рассказали, что будучи отправленными в Лавион на опыты, сумели бежать. Перед дорогой их не слишком тщательно обыскали и у Аркивассы в сапоге не нашли маленький кинжал. Ночью стелары смогли перерезать верёвки и бежали, захватив свои кольчуги и топоры. Только шлемы и щиты остались в зармарской повозке. И вот, они нашли своих друзей и теперь вместе с ними хотят продолжить путешествие.

– Я, конечно, не стану удерживать моих слуг, так как и сама подумывала о том, чтобы отпустить их. – Но куда вы хотите идти? – спросила Орвилия.

– В Стелфаррак, – отвечали стелары.

– Это верная смерть для вас, вы же не зармарцы, – говорила Орвилия. – Я прошу вас остаться, обратилась она к Миралайн, Элиасу и Эстэлиану. – И вас, почтенные стелары, я тоже попрошу остаться, не как слуг, но как гостей, которые могли бы очень помочь моему сыну.

И все обратились к Миралайн.

– Мы можем остаться ещё на какое-то время, – сказала она, – но потом должны будем уйти.

– Но почему именно туда? – сросила Орвилия. – Неужели о надежде мира вы можете узнать только в самом страшном его месте?

– Потому что подлинная надежда рождается там, где кажется, окончательно восторжествуют силы зла, – отвечала Миралайн. – Но ещё какое-то время мы погостим у тебя.

– Но у нас теперь нет камня, – с сожалением сказал Элиас. – Квиалор остался у Эрайи, а разве без камня мы сможем узнать о надежде мира?

Миралайн ответила, что верит тому доброму, что есть в сердце Эрайи. Ему не может понравиться в Зармаре. Он, на словах искавший тьмы, привык быть любим светом. Он уйдёт из зармара. Но куда? Эрайа доверяет Сету, ошибочно приписывая тому черты Сайлора. Он придёт в Стелфаррак. Там мы и должны его встретить.

– Но как нам не разминуться? – спросил Эктор. – Надо, я думаю, скорее выступать.

– Ты прав, – отвечала ему Миралайн. – Но сердце говорит мне, что мы не можем пока бросить Ярпена и Орвилию. Нельзя оставлять тех, кто через тебя может напиться светом, как бы ты не спешил.

– Ура! – Крикнул Ярпен, как всегда подслушивающий за дверью. – Дяди и тётя ещё останутся!

…Однажды утром, когда все они сидели за столом на терассе и завтракали, вошёл Ормиар и доложил: «Леди Орвилия, приехал инспектор».

Орвилия заметно испугалась, потом совладала с собой и сказала: «Зовите, Ормиар».

— А вам лучше пока выйти, — обратилась она к остальным.

— Можно я буду подслушивать за дверью? — спросил Ярпен.

— Нет, — строго оборвала его Орвилия, и, обратившись к Ормиару, сказала, — присмотрите за ним.

Инспектор по делам детоведенья и детосборки был старым, лысым и толстым зармарцем по имени Хелтеф. Он время от времени навещал Орвилию, и, поскольку она ему хорошо платила, не досаждал ей по поводу её сына. Но в этот раз Хелтеф был весьма обеспокоен.

— Нехорошие у меня вести, леди, — сказал он, когда Орвилия дала ему условленную сумму. — Очень нехорошие.

— Что, смотритель спецдома снова недоволен?

— Нет, местные фермеры написали на вас жалобу в Ньюльский окружной суд. Смысл жалобы в том, что ваш выродок, то есть, простите, сын, ущемляет своим существованием их моральное достоинство.

— Ну, это не ново, — сказала Орвилия. — Это они уже писали.

— Да. И хвала вашим деньгам, дело тогда удалось замять. Но в этот раз всё куда серьёзнее. Они пишут, что вы держите у себя на вилле антисоциальные элементы, которые воспитывают вашего сына вполне в антизармарском духе. Я думаю, что кто-то из ваших слуг доносит на вас, если спросить моего мнения.

— В конце-концов, это не их дело, что я делаю в своём поместье!

— Так-то оно так, но пока я ехал сюда, меня остановил староста из соседней деревни и он жаловался на вас. Он говорил, что ваш сын ходил туда, и даже спрашивал их, зачем они работают в поле. А они не знали, что ответить. Так что, как вы сами понимаете, фермеры сейчас, как разъярённые осы у арбуза. Я обещал им, что сына вашего всё-таки заберу на переработку, а антисоциальных личностей сдам стражам порядка.

– Нет, Хелтеф, этого никогда не будет, – возмутилась Орвилия. – У меня, в конце концов, связи, как никак мой муж командовал легионом Виерн Трейтар, а это не шутки. Так им всем и скажите, что я куплю их суд вместе с судьями, и вообще буду делать, что захочу!

– Хорошо, леди, я только не хочу лишиться источника дохода, если с вами что-то случится. Попробую усмирить фермеров, припугнув их вашим высоким положением.

Хелтеф ушёл, но Орвилия не успокоилась. Она тревожилась о произошедшем, и всё рассказала своим новым друзьям.

Миралайн взяла её за руки и глядя в глаза сказала: «Аннивиннэ[9]. Ни с тобой ни с твоим сыном ничего не случится». Она повторила это три раза и Орвилии стало легче.

Внезапно прибежал Ормиар. «Госпожа, беда!» – кричал он, – фермеры сломали ворота, вошли в сад и идут сюда. Их там зармарцев двадцать, не меньше».

– Позови всех наших, – сказала Орвилия. Тяжелая ситуация пробуждала в ней не панику, но самообладание.

– Слуг нет, они, похоже, бежали, – сообщил Ормиар.

– Кто хочет – идите за мной, мы их встретим во дворе. А вы, Ормиар, спрячьте Ярпена и в случае чего приготовьтесь бежать с ним.

За Орвилией вышли Эктор, Аркивасса, Элиас, Эстэлиан и Миралайн. Оружие было только у стеларов и форостела, в то время как подходящие фермеры несли с собой косы, топоры, вилы, а у одного была даже старая глефа.

---

[9] Здесь Миралайн использует это слово как благословение, которое должно защитить Орвилию. Вообще, это слово означает: «защити, спаси».

— Что вам надо в моих владениях? — властно спросила их леди Орвилия.

— Правды! Справедливости! Равенства! — закричали те. — Мы такие же зармарцы как и ты, и не потерпим никакого ущемления прав! Долой выродков и чужаков с наших земель! Суд тебе не указ, так мы тут сами суд!

— Вы бы не очень то кричали, — сурово сказал Эктор. — А то мы вас живо отсюда выставим.

Эктор, в отличии от Аркивассы не успел недеть кольчугу, но он многозначительно поигрывал боевым топором.

— Ага! Это и есть выродки! Закричали фермеры. Бей! Убивай выродков! Смерть и богатой ведьме и её змеёнышу!

И фермеры, подбадривая друг друга, кинулись вперёд. Эктор и Аркивасса, привычные к бою, бросились навстречу, чтобы защитить остальных безоружных товарищей и Орвилию. Несколькими ударами они сразили двоих фермеров и попытались занять круговую оборону, но фермеры не дали им этого сделать. Их разделили и пока Эктор защищался от нескольких наседавших на него зармарцев, ещё один, который был с глефой, осторожно подкрался сзади и, с размаху рубанув Эктора, перерубил ему шею. Довольно крича фермеры намеривались было окружить Аркивассу и Эстэлиана, как вдруг стрела откуда то сверху сразила одного из нападавших. Фермеры остановились, чтобы понять — откуда взялся новый противник?

На открытой террасе второго этажа стоял Ормиар с двумя арбалетами. Из первого он только что выстрелил и его сейчас заряжал стоявший рядом Ярпен, а вторым он целил в поредевшую толпу фермеров.

— А ну не шевелиться! Крикнул он сверху. Бросайте оружие, а то всех вас к вашему Сету отправлю.

Фермеры помялись но видя, что и Эстэлиан тоже натягивает лук, а Аркивасса по прежнему жив, побросали оружие.

– Мы уйдём, – сказал староста, – но вы дорого заплатите за наших друзей.

– Как и вы за нападение на частные владения, – отвечала им Орвилия.

Фермеры ушли. Пятерых мёртвых товарищей они оставили лежать в саду перед домом.

Аркивасса и Элиас вырыли в саду могилу, где и похоронили Эктора.

Ярпен плакал. «Ниэла, вайдэ» сказала Миралайн, когда Эктора опускали в могилу.

Аркивасса приступил к погребению. «Прославленных в бою стеларов хоронят с их оружием и шлемом, а доспехи передаются по наследству его потомкам».

Поскольку у Эктора не было шлема, Орвилия принесла из сундука парадный кунцкугель своего бывшего мужа.

– Не годится опускать в могилу с павшим стеларом шлем народа, с которым он был во вражде; заметил Аркивасса.

– У моего мужа хранилось ещё несколько трофейных шлемов; говорила Орвилия, может они подойдут?

Аркивасса выбрал открытый остроконечный шлем с наносником и кольчужным плетением сзади.

– Точь в точь как стеларский, – объяснил он, хотя и видно, что ковка не наша, а северная, мы бы сковали и лучше и прочнее.

Все подошли к могиле. Аркивасса опустил в неё шлем и сказал такую вису:

Шлему державному
Крепкодержащему

Исстари сложена
Воину славному
Дерзкому, ярому,
Клюву сил ярлову.[10]
На удержание
И во стяжание
Предка великого
Детям владетеля.

А опуская топор Аркивасса пропел такую вису:

Лезвие крепкое
Войну могучему
Службу служившее
Больше не нужное
Крепи подгорной всей
Памятью ставшее.

Когда зарыли могилу, Аркивасса обратился лицом к Толкарре и сказал: «Величай, подгорное королевство, своего воина, ушедшего в землю с надеждой на последнюю встречу».

— Оставаться здесь больше нельзя ни нам, ни вам, — сказал Аркивасса Орвилии когда всё было кончено.

— Похоже, ты прав. Даже если я снова замну это дело в суде, фермеры всё равно придумают, как отомстить. Они упорны, как и все мы, зармарцы.

— Узнав всё то, что ты узнала, и живя так, как ты живёшь, ты не сможешь больше жить в империи, — сказала

---

[10] Это кеннинг. «Клюв сил» кеннинг обозначающий «голова». Ярл — вождь.

ей Миралайн. – Бегите вместе с Ярпеном, только вам обязательно нужен надёжный спутник.

– Я с ними пойду, – внезапно сказал Ормиар. – И не из-за денег, а просто, я вижу, что должен идти с ними, и всё тут.

– Похоже, это и вправду твой долг, – согласилась Миралайн. – Только куда вы пойдёте?

– Может в Ивералор, к форостелам? – предположил Эстэлиан.

– Не думаю, что они готовы к этому, – возразила Миралайн.

– Мы поедем в форт Альтеш, а оттуда на проходящем корабле в Ариэль.

Там империя ещё не водворилась окончательно, как в Шахане или Гисте, и мы там сможем спокойно жить. Я же богата. И вы тоже поспешите. Ормиар даст вам провизию на дорогу и лошадей. Он же укажет вам путь к Стелфарраку. И да хранят вас высшие силы, если только они есть.

– Они есть, леди Орвилия, – отозвался Элиас, и да сохранят они и тебя. Для нас было удивительно увидеть такую женщину и такого ребёнка в зармаре.

И они говорили друг другу ещё много светлых слов, и, прощаясь радовались, что, пусть не надолго, но им была уготована такая встреча.

– Да, зармар не весь – мёртвая пустыня, – говорил, прощаясь, Эстэлиан. Но мне почему-то кажется то, что хорошо в зармаре, оно словно осталось тут от мираэлов.

– Мы зовём себя истинными потомками перворождённых, – улыбнулась Орвилия.

– Если б за этими словами стояла истина – как бы светло и хорошо было в мире, – вздохнул Элиас.

– Но в мире есть как есть, и изменить что-то не в нашей власти, – промолвил Аркивасса.

– В нашей власти принести свет в то, что нам дано, – сказала Миралайн.

И после этих слов они простились.

КОНЕЦ И НАЧАЛО

В назначенный срок к городским воротам Эрайа пришел первым. Ждать пришлось дольше, чем он рассчитывал. Зармарцы собирались медленно. Одним из последних приехал студент факультета «банковское дело».

– Подождите? – обратился ко всем студент.

– У него, – он указал на Эрайу, – не всё в порядке с документами. Я проверял. Он, оказывается, взял кредит в имперском банке на 100 монет и когда с ним всё произойдёт, нам надо будет вернуть деньги банку. Так положено по закону. Что делать?

– Продадим лошадь, на которой он едет, и всё вернём, – сказал старший из них. – Он, как оказалось, был посвящённым адептом Сета. Он называл себя именем Виерн Карг[11].

– Постойте, – сказал Эрайа, если вы продадите лошадь, то, как я вернусь обратно? И вы что, хотите заплатить за меня мой долг?

Все промолчали, а Виерн Карг сказал:

– Чтоб он раньше времени об этом не волновался, так как сам всё увидит.

И они, тронув коней, отправились в путь.

– Ехать нам ровно на северо-восток от Лавиона, – объяснил Виерн Карг Эрайе. – Эта дорога тут одна и мы зо-

....

[11] То есть «Гибельное чудовище».

вём её Венира́г, что означает «тёмный путь». На полуострове никто не живёт, зармарцы тут не селятся, потому что это – земли повелителя. Мы зовём их Нешиало́р, или – тенистая земля.

– А скажи, – обратился к нему Эрайа, – почему вы пользуетесь в названиях языком мираэлов?

Студенты зашумели. Адепт Виерн поперхнулся, потом сурово посмотрел на Эрайу и сказал:

– Если б не та важная роль, которую мы возложили на тебя в нашем походе, ты сейчас был бы наказан. Не следует поминать их имя в Нешиалоре. Это гневит Сета и его великих служителей маррагов. Когда-то мореходы сильно вредили нам, и великие посвящённые считают, что они вредят до сих пор.

– А кто это «великие посвящённые»?

– Это зармарцы столь сильно предавшиеся Сету, что он открывает им многие тайны. Свои мистерии они проводят на востоке Нешиалора[12]. Хода туда нет никому, но я, – Виерн усмехнулся, – скоро буду принят как посвящённый.

– Разве не все слуги Сета знают от него всё? – удивился Эрайа.

– Конечно, нет, всего не знают даже сами марраги.

– А что Сет даёт своим слугам?

– Знание. Силу. Тайное могущество. Смотри!

Виерн протянул руку и крикнул что-то. Лошади остановились. В десяти метрах от них впереди появилась чёрная точка. Она быстро расширялась, пока не загородила всю дорогу завесой тьмы.

– Теперь тут можно пройти если только другой посвящённый или я снимем мою завесу тени, – гордо произнёс Виерн.

---

[12] То есть «Тенистые земли».

Эрайа, когда завеса тьмы разворачивалась на дороге, почувствовал, что квиалор у него на груди запульсировал и нагрелся. И, внезапно, луч исшедший от камня коснулся завесы и в одно мгновения разметал её. Все были поражены.

— Да ты, я вижу, тоже посвящённый, только с другой стороны, — хмуро заметил Виерн.

— Нет, Виерн, — вмешался один из студентов, — ты же помнишь, что у него в диагнозе удостоверении личности написано «острый мираэлический синдром». Наверное, он как-то косвенно был связан с проклятыми мореходами или ещё чем таким, и теперь это проявилось. Он же... и студент покрутил пальцем у виска.

— Да, похоже, так и есть, — согласился Виерн. Но тем лучше это для того дела которое он вскоре должен будет совершить.

Эрайа хотел сказать, что это всё квиалор, но, глядя в глаза своих спутников почему-то передумал и промолчал...

Через время близ дороги показались какие-то здания.

— Это что — деревня? — спросил Эрайа.

— Я же тебе говорил, что поселений тут нет. Это спецдом Великих. Сюда из всех остальных спецдомов привозят тех детей, которые больше всего проявили себя как зармарцы. Это большая честь, быть воспитанным здесь, в землях Сета.

Дальше ехали по Венирагу молча. Эрайе показалось, что, даже его спутников давит нечто, что ощущалось как сгущающаяся тьма. На душе было так тяжело, словно её придавили каменными плитами. Эрайа не понимал почему так. Ведь Сет — благодетель мира, а все кто вокруг него так злы, да и сами земли тут, казалось, были пропитаны темнотой.

В Нешиалоре ничего не росло из зелени. Земля была пустынной и потрескавшейся, только лишайники да какие-то колючки попадались им. Ни зверей, ни птиц не было видно, и даже вспомнить как они выглядят здесь было непросто.

— Да, тяжело всё-таки ехать к повелителю, — внезапно произнёс студент факультета «банковское дело».

— Тяжело, но за это владыка даст и вам свою силу, как дал её мне. А потом эта сила будет расти, — успокоил его Виерн.

«Я хочу не только силу — думал Эрайа. — Я хочу служить самому лучшему и настоящему, что есть в мире. Но пока что я это настоящее и подлинное не встретил. Думаю — это только сам Сет. Вот бы стать его служителем…»

Несколько дней путешествия утомили всех, даже адепт Виерн стал сдавать, но подбадривал себя и других тем, что они умножат свою силу.

Вдалеке показалась башня стоящая то ли на холмах, то ли на пологих скалах, уходящих в море.

— Вот он — Стелфаррак, железная башня, почти пришли, — сказал всем Виерн, который тут бывал и раньше.

Они приближались. Стелфаррак нависал над ними и казался неким сосредоточием тьмы.

Огромная башня из чёрного камня с вкраплением багрово красного. Большие резные ворота из чёрного дерева с изображением исполинской змеи.

— Мировой змей, один из символов повелителя, — шепнул кто-то из студентов.

— А где же армия и слуги Сета? Почему нет охраны? — шепнул другой студент.

— Я же рассказывал вам, что у него нет ни армии ни охраны. Каждый, кто исполняет его волю — его армия. А охрана не нужна ни ему, ни маррагам, потому, что они не уязвимы ни для какого оружия, — объяснил Виерн так же шепотом.

— Так что, нас никто не встретит? — спросил ещё кто-то.

— Сейчас встретят.

В ворота они прошли пешком, потому, что в миле от башни пришлось оставить лошадей, не согласившихся идти дальше.

Огромный зал, куда они попали, давил всех мощью физически ощущаемого зла. Камень на шее Эрайи всё время пульсировал, и, казалось, согревал его душу, как костёр в холодной ночи. Эрайа сжал камень под рубашкой и замер — к ним по винтовой лестнице слева спускался некто, в ком Эрайа узнал маррага. Остальные его пока не заметили.

Виерн склонился к земле, потом встал и громко сказал:

— Великий Сет, зри на нас! Мы пришли поклониться тебе и приобщиться твоей мощи!

— Зармар помнит своего повелителя, — отвечал им марраг.

Все обернулись, а Виерн сказал:

— Слава и служителю тьмы, о марраг! Мы пришли».

— А почему никто не связан? Или вы осмелились прийти сюда без жертвы? — грозно спросил марраг.

Конечно, нет. Вот он, — Виерн указал на Эрайу, — его мы принесём в жертву повелителю.

— А разве он не зармарец? — спросил Марраг.

— Он варвар и псих, да к тому же часто думает о мореходах и они ему, кажется, помогают.

— Отлично! Ведите его к алтарю.

— Да вы что! Закричал Эрайа. Я же зармарец!

— По закону любой зармарец, если он не нормален, может быть принесён в жертву Сету, — отвечал ему Виерн .

— Но я пришел ему послужить! Я и подарок ему принёс, посмотрите! — И Эрайа вытащил камень и поднял его над головой.

Квиалор засиял, на мгновение ослепив всех собравшихся, и разгоняя тьму. Марраг отшатнулся, отскочил подальше, и крикнул студентам:

— Хватайте мираэльского выродка! Это отличная жертва Сету!

Эрайа побежал к выходу...

...Орвилия снабдила своих новых друзей всем необходимым для путешествия, а Ормиар подробно рассказал, как ехать. «За Ньюлл по дороге на северо-запад и так держать путь огибая все селения и особенно крепости и заставы. Так вы доскачете до Нешиалора. Вам встретятся холмы посвящённых, обогните их, потому что посвящённые убивают даже зармарцев, если те подсматривают за их таинствами.

Элиас, Аркивасса и Эстэлиан набросили на себя плащи зармарского покроя подаренные им Орвилией. Это должно было дать им возможность проехать по империи, не привлекая к себе внимания.

— А ты уверена, что мы встретим там Эрайю? — спросил Аркивасса у Миралайн.

— Я уверена, что в мире всё случается, как должно, — отвечала она, и они тронулись в путь.

Ехать пришлось долго, и в пути говорили о многом.

— Какая она красивая, эта Орвилия, — сказал Эстэлиан.

— Это точно, и волосы такие длинные, как борода у старых стеларов, — поддержал Аркивасса.

— Я не о том говорю, если ты понимаешь, о чём я.

— То, о чём ты хочешь сказать, говорит о том, что зармарцы могли бы вернуть утраченный пламень в свои души, если б захотели и пошли по правильному пути, но они не хотят, — заметила Миралайн.

— Странно, что нас никто не пытается остановить, — как-то сказал Элиас.

– Границы слишком хорошо укреплены и им некого бояться в своих собственных землях, – предположил Аркивасса.

Как бы в ответ на его слова на дороге показалась застава. Путники думали миновать заставу под видом зармарцев, но офицер потребовал показать документы. «Это проверка перед вьездом в Нешиалор» – сказал он путникам.

Документов у них не было, но был мешочек с золотом, данный им Орвилией. Этого хватало на двух предыдущих заставах. Но тут офицер, схватившись за меч, закричал: «Да кто вы такие? А ну, давайте документы!».

Аркивасса спрыгнул с лошади и выхватив топор закричал остальным:

– Бегите! Я их задержу. Прощай, друг, – сказал он Элиасу.

Расчёт Аркивассы был верен. Подоспевшие зармарские солдаты вместо того, чтоб седлать лошадей и гнаться за беглецами, напали на стелара. Он отбил топором несколько гизарм, сорвал со стены маленький круглый щит и приготовился к обороне. Несколько раз нападали на него зармарцы и несколько раз откатывались назад, так страшен был стелар в своём гневе. Тогда, по команде офицера, его, вместо того, чтобы пытаться дальше атаковать пешим строем, расстреляли из арбалетов.

Пронзённый стрелами Аркивасса выронил топор и щит, упал, обратившись лицом на юг, к Толкарре, и умер.

Многие песни не были сложены стеларами об этой его битве у границ Нешиалора, и памяти о ней не осталось в следующих поколениях. Но Аркивасса стелар умер, как и жил, просто, и не страшась врага там, где дело можно назвать правым и верным.

Элиас, Эстэлиан и Миралайн мчали на северо-запад, путь их лежал уже по землям Нешиалора.

Эстэлиану было страшно и странно смотреть на мёртвую землю, где ничего не росло и не могло расти. Им встречались пересохшие ручьи, вязкие болота без растительности и только с тухлой жижей. Всё это производило тяжёлое впечатление даже на Миралайн. А Эстэлиан и Элиас чувствовали вокруг тьму, словно каменную плиту давящую их. Но вместе с тем они явно ощущали неизреченный, незримый свет, исходивший от девы мираэлов. И свет этот давал им силы идти по этой страшной земле.

Показались холмы. «Это, наверно, и есть холмы посвящённых, которые нам надо обогнуть» – подумали все.

Но обогнуть не получилось. Дорога вела через холмы, а другого пути тут не было. Они не знали, что дорогу проложили тут специально для посвящённых, о которых особо «заботился» Сет, и которым он открывал многие тайны взамен на полное подчинение его воле.

Они видели и самих посвящённых, по крайней мере, нескольких из них. Шесть мрачных фигур сидели у потухшего костра и что-то глухо напевали, держась за руки. Над потухшим костром мерцал жуткий зеленоватый пламень. Завидев путников, посвящённые подняли головы и встали. Они сразу поняли, что среди путников мираэл, и старший из них протянув руки по направлению к проезжавшей мимо Миралайн злобно крикнул: «Карге Оорис!».[13]

Все увидели, как из посвящённого изошли две длинные руки состоящие из багрового пламени и потянулись к Миралайн.

Миралайн остановилась, повернула коня к нему, привстала на стременах и рекла: «Vaarón! Laín varde

---

[13] То есть «Гибельное чудовище».

everas!»[14]. Тотчас зримо засиял золотисто-белый свет, пламенные руки распались, а старший посвящённый в корчах повалился на землю. Остальные пятеро, подобрав мантии, побежали в холмы.

Проход был свободен, и путники поехали дальше. Они добрались до каменной дороги Венираг, и, как и говорил Ормиар, поехали вверх по ней, к башне Стелфаррак, до которой было уже сравнительно недалеко. За милю до тёмной громады башни лошади отказались идти, и даже Эстэлиан и Миралайн не смогли их уговорить продолжить путь. Лошадей пришлось оставить. Путники заметили, что немного поодаль стоят ещё чьи-то лошади, числом около двадцати.

Врата башни были открыты и все трое осторожно вошли внутрь.

…Узор судьбы сплетается слишком чудесно, потому что у сказок, как и сказки мира, всегда есть рассказчик.

И первое, что они увидели и услышали, когда вошли, это бежавшего к выходу Эрайю кричавшего: «Помогите! Спасите меня!», а за ним неслись молодые зармарцы с ножами.

Увидя вошедших Миралайн, Элиаса и Эстэлиана, они остановились, а Эрайа, узнав вошедших, побежал к ним с криками.

– Вы кто такие? Спросил их старший зармарец. Вы что, тоже пришли принести жертву повелителю? Что-то непохоже. А ну – воздайте славу Сету.

Стоявший вдалеке марраг крикнул:

– Это не слуги повелителя. Это мираэл и с ней друзья мираэлов. Да сгинет их свет! Убейте их, и повелитель будет доволен.

---

[14] То есть «Да не будет! Да придет свет!».

Эстэлиан достал лук, положил стрелу на тетиву и послал её в ближайшего зармарца. Тот упал. Зармарцы остановились.

Четверо: два человека, форостел и мираэл, стали отступать.

– Нам к винтовой лестнице, – сказала Миралайн. – Именно по ней поднималась Элиан туда, где явлен был миру квиалор.

Они добежали до лестницы. Марраг не двигался, зармарцы тоже ждали, не желая рисковать.

– Идите наверх, а я их задержу, – сказал друзьям Эстэлиан.

Эрайа, Элиас и Миралайн пошли по лестнице наверх, а Эстэлиан, держа лук наготове, медленно поднимался следом. Но зармарцы не стали рисковать своими жизнями и атаковать его. Вместо этого вперёд вышел марраг. Эстэлиан послал в него несколько стрел, все они достигли цели, но, пройдя сквозь страшного призрака, только рвали ему одеяние, но не причиняли вреда. В руке маррага возник меч, и он, быстро приблизясь, ударив несколько раз мечём форостела, отшвырнул его прочь и пошёл по лестнице за остальными.

– Что нам делать? – закричал Эрайа, увидев, что идёт марраг.

– Дай мне камень; попросила его Миралайн.

Эрайа протянул ей камень. В руках Миралайн камень засиял дивным сиянием, и это сияние держало маррага на расстоянии, и не давало ему приблизиться.

Они всё шли и шли, казалось, лестнице не будет конца, но вот, они увидели двери, вокруг которых гудело страшное багровое пламя, ничего не сжигая вокруг. Миралайн подняла руку с камнем и двери сами собой открылись. Это был зал багрового пламени, где Элиан тысячелетия назад явила миру квиалор.

Они вышли на середину зала. Пламя опало, и вздрогнули Элиас и Эрайа, вздрогнула и Миралайн. Ибо в конце зала стоял сам Сет. Фигура его была вся соткана из тьмы и багрового пламени, а лицо было невозможно разглядеть, потому что оно было всё из тьмы.

Так Эрайа увидел Сета и в эту самую секунду он понял, что не может служить существу, стоящему перед ним, потому что нет в нём той красоты, о которой мечтал Эрайа. И ещё, стоя тут, Эрайа вдруг понял, до какой степени он Сету не нужен, и до какой степени тому безразличны многие страдания живых существ в том мире, князем и повелителем которого Сет себя зовёт.

Эрайа хотел отвернуться, но понял, что больше не владеет телом, а может только смотреть и слышать. То же было и с Элиасом. Только Миралайн не одолела тьма, и она осталась свободна.

Слева и справа от Сета стояло по шесть маррагов. Тринадцатый марраг, поднявшийся по лестнице, стоял у них за спиной.

Сет заговорил, и страшен был голос его:

– Всё, кроме меня, приходит к своему концу, а ты, дева мираэлов, пришла к своему. Если ты думала, что я похож на чёрных владык из сказок, которые ничего не знают об идущих к ним врагах, то ты очень ошиблась.

Я, владыка мира, и всё знал и о вас, и о том, как вы шли, и я допустил вам войти в башню только потому, что нет на свете надежды, которую не превозмогла бы моя сила. Я один владыка и князь мира, я мертвлю и живлю, и я вырвал власть над вселенной у Сайлора, который, связав себя долгом, не смеет действовать в мире прямо.

– Он никогда не переставал действовать в мире, просто ты этого не способен видеть, – бесстрашно отвечала Миралайн.

Сет взмахнул рукой. Багровое пламя жгло сердце Миралайн, но её вера в ненапрасность всего, и в хороший конец для сил добра, была сильна даже перед всей мощью Сета.

– Ты, думала, что камень возвестит надежду, но он не возвестил ничего! Он бессилен, как бессилен и твой народ и сам Сайлор бессилен перед тьмой, в которую я погружу весь мир. А тебя я не буду терпеть, как когда-то Элиан. У тебя, знай, надежды, как и у мира, и у всех ваших светлых сил – нет.

В руке Сета появился кинжал, он подошел к Миралайн. Элиас хотел, было стать между ними, хотя он и понимал всё безумие такого шага, но не мог и покинуть деву мираэлов. Но ни Элиас, ни Эрайа не могли сдвинуться с места, багровая сила не позволяла им даже пошевелиться.

Сет, подойдя к Миралайн, широким взмахом ударил её кинжалом ниже груди. Миралайн вскрикнула и стала оседать. Но капли крови попали на квиалор и внезапно он зясиял светом, превозмогающим багровую тьму.

Эрайа и Элиас ощутили, что снова могут двигаться. Марраги зашумели.

А в зале творилось нечто, что явно не входило в планы чёрного властелина. Сияние квиалора всё усиливалось, и внезапно, потолок комнаты как бы исчез, а квиалор стал лучом света, вознесшимся до неба, причём непонятно было, то ли луч светил с неба то ли из камня. Потом весь камень превратился в луч и стал звездой в небе. И звезда эта, восьмиконечная, яркая и большая, как звёзды перворождённых, только ярче и больше, светила теперь далеко на восток. И в её сиянии Элиас и Эрайа увидели младенца лежащего в пещере, в ящике для корма скота.

Сет же, увидев всё это, закрылся рукой и стал отступать от страшного для него видения. А потом, то ли свет звезды, то ли сияние исходившее от младенца стало столь сильным, что Сет закричал и истаял, распавшись в воздухе и пошатнулся Стелфаррак, и сами марраги, страшные слуги могущества Сета, рассеялись в этом сиянии, как тёмный туман на сильном ветру.

Видение кончилось, и с ним исчезла крыша страшного Стелфаррака, а над ними всеми сияла новая звезда квиалор, звезда рождения новой жизни, и луч её, тонкий и ясный, светил куда-то далеко на восток.

В зале без крыши были теперь только они трое: Эрайа, Элиас и лежащая на земле смертельно раненая Миралайн.

Элиас стал рядом с ней на колени, обнял её руку, приложил её ко лбу, и плакал так, как, быть может, ещё никто не плакал в этом мире с тех пор, как Аррины надолго покинули его.

Плакал и Эрайа, потому что перед их глазами уходила из мира красота, перед которой можно только предстоять, и равной этой красоте не было для Элиаса и Эрайи.

— Не уходи, госпожа, — просили они.

Миралайн открыла глаза и попыталась улыбнуться. Она открыла уста и заговорила, превозмогая боль и льющуюся горлом кровь.

— Не плачьте, дорогие, всё случается как должно и ничто не бывает напрасно. Мы расстанемся, но и свидимся — потому что путь в небесный город мираэлов, путь в Эвэльтэльма Оссивэн теперь открыт. И открыт он теперь для всех людей, стеларов, форостелов и даже зармарцев, кто только будет искать дорогу туда. А дорогу эту вы теперь знаете.

— Госпожа, мы не знаем эту дорогу! — воскликнули вместе Эрайа и Элиас.

— Эта дорога проходит через ваши сердца тем путём, который указывает новая звезда, ибо это звезда рождения истинно новой жизни.

Миралайн хотела ещё сказать, что любит их и любит всех, но силы оставили её, и она, успев благословить мир и всех живущих в нём, покинула своё раненое тело, и полетела по пути открытому звездой рождения в небесный город мираэлов, но об этом речи не будет уже в нашей истории.

И ещё очень много можно было бы говорить о том, что случилось после, но наша история, история отряда надежды, подошла к своему концу.

И можно было бы ещё сказать, что тут и начались в нашем мире многие чудеснейшие истории, потому что, воистину, как говорила Миралайн, всё случается как должно и ничто не бывает напрасно.

Но дивная, сотканная Сайлором история о Миралайн и её друзьях подошла к своему концу. И хотя ещё много радости было и будет в мире, но одной из самых великих радостей остаётся для нас прийти в конце и начале пути в Эвэльтэльма Оссивэн, потому что у врат этого дивного небесного города ждёт всех нас Миралайн.

И хотя не все на земле и сейчас знают об этом городе и не все желают прийти туда, но светлая дева мираэлов умеет надеяться. Она умеет ждать.

И, когда нам, жителям земли, хочется высоты и неба, это значит, что жители Эвэльтэльма Оссивэн и Миралайн зовут нас к себе. Не всегда и не все могут расслышать их голос, но Миралайн знает – если ждёшь кого-то и любишь, он придёт к тебе, хотя и пройдёт через многие испытания, но иначе не узнать, сколь драгоценна любовь жителей небесного города к нам.

Драгоценней всего, ибо в ней узнаётся сам Сайлор, ждущий каждого в глубине сердец всех любящих, каковы в истории мира многие, на радость всех мираэлов, даже и не рождённых среди народа любви, но любящих каждого, подобно великой деве мираэлов, светлой госпоже Миралайн.

ПРИЛОЖЕНИЕ
О МИРАЭЛАХ СОСТАВЛЕННОЕ
ЭЛИАСОМ ЛЕТТЕРАНСКИМ

О мираэлах нелегко говорить не потому, что они иные, чем мы, а потому, что они настоящие, и такие, какими, как они говорят, и люди были задуманы и приведены в бытие.

Их радости чужды насмешка, неприязнь и всякая другая страсть. Творения их рук и голосов в полной мере являют дивную красоту их сердец. Но что в своей сути есть эта их красота? Это красота великого причастия Сайлору и небу, той же красотой сияют и сами Аррины и именно она составляет славу небесного города. На мирайе она зовётся «Лаин» и сам Сайлор сходит ею на землю, претворяя жизнь открывшихся ему в радость и свет. Об этой радости известно не только мираэлам, но именно им – в полной мере. Впрочем, они в этом не скупятся и не таятся, и готовы всякому открыть путь к радости, но беда нас, людей, в том, что мы очень часто этой радости не хотим, думая заменить её каким-нибудь удовольствием или развлечением.

Будучи самым малочисленным народом земли мираэлы несут в себе великий свет, и несут его как дар, который они хотели бы передать всякому, и который от передачи нисколько не уменьшается у дарителя.

Обычное состояние духа у мираэлов – это состояние вслушивания в небо и дивного ощущения его близости, известное из всех прочих созданий земли только тем, кто, так или иначе причастен самим мираэлам.

Лаин и красота небесного города присутствуют во всякой их песне, и во всяком слове обильно изливаясь из сердца, которое и само у них теперь стало Лаин, внутренним светом причастным небу.

Мираэлы малочисленны ещё и потому, что браки среди этого народа совершаются крайне редко, и происходит это вот по какой причине. Мираэлы знают, что единственная подлинная любовь есть то, что они зовут Ариа – этой любовью любит и сам Сайлор и Аррины и все, кто стремятся к ним. Ариа не даётся с рождения даже мираэлам, но они много трудятся ради стяжания её. Пока мираэл молод и не стяжал Ариа по отношению к другим, он может влюбиться в кого-то одного той любовью, которую они зовут «милла» – любовь супружеская и несовершенная, потому что она не объемлет всех и в ней есть страсть. Но, достигший Ариа любит всех прочих мираэлов и даже всё творение целиком единой любовью, которая не делится на степени и одна ко всем без различения полов и без всякого желания у девы принадлежать, а у юноши властвовать и владеть.

Когда же мираэл научается одинаково любить всех, то выбрать себе мужа или жену он уже не хочет, так как ощущает себя в великом бесстрастном родстве ко всему творению целиком, где всякая часть творения значима одинаково.

Если мираэл или мираэла достигли такого состояния, будучи уже в браке, они всех прочих начинают любить так, как супруга или супругу. И это приводит не к ревности, неизвестной зрелым мираэлам, но к радости, когда весь мир входит в твоё сердце и ты жалеешь его, поёшь о нём и просишь о нём Сайлора.

Не испытавшим подобное покажется всего лишь сказкой, но каждое наше слово об этом народе – правда, чему мы и сами долгое время были свидетелями.

Одним из важнейших проявлений Ариа мираэлы считают служение измученному миру. И поэтому некоторые из них тайно от мира высаживаются на берег и становятся сёстрами милосердия в людских больницах, живя там столько лет, чтобы не вызвать подозрений, так как мираэлы вечно молоды и бессмертны, если их не убить. Многие подвиги милости совершают они, служа больным, но при этом мир совсем ничего об этом не знает. Я убеждён, что многие старшие врачи Леттерана, Ариеля или Гиста удивились бы, узнав, сколько дев мираэлов служит у них простыми сиделками или сёстрами. В назначенное время корабли забирают их обратно.

Как они подают весть о себе тем, кто в море? Есть у них какой-то способ общения, ощущения друг друга на любом расстоянии.

Слова их всегда передают содержание их сердец, а сердца исполнены великой красоты. Мираэлы не знают чувства одиночества находясь в великом «вместе» по отношению друг к другу. Ариа и Лаин дают им ту полноту бытия, которая кроме них известна только причастным им.

Мираэлы много плачут о людях и о горестях поразивших мир, но эти слёзы не мешают их радости, да и кому ещё радоваться на земле как не мираэлам? Ибо они существуют так, как задуманы Сайлором все создания, но мираэлы одни живут им и к нему. Такое их жительство совершенно скрыто от глаз мира, но именно оно составляет весь смысл их существования и делает их такими, каковы они есть.

Некоторые из мираэлов принимают на себя ещё и такой подвиг. Они просят, чтоб их собратья спустили их на берег где-нибудь, где места пустынны, и начинают ходить из селения в селение и из города в город, чтобы рассказать миру о забытой им красоте Лаин и Ариа. Конечно, не всякому посчастливиться встретить такого учителя, но мудрецы из наших и из самих мираэлов говорят, что если кто ищет, то обязательно найдёт такового. Много света приносят в души людей, стеларов и лордов леса такие вот бродячие учителя. Ибо там, где они проходят, другие узнают о пути в дивный небесный город, а чего ещё большего может желать душа на земле? Разве только поселиться там, но и об этом могут рассказать мираэлы путешествующие по миру под видом обычных людей.

Мираэлы благословляют, а не клянут, утешают, а не огорчают, радуют, а не печалят. Нет на земле народа подобного этому. Всякий же, кто возжелает их жизни и пойдёт по открытому ими пути, в конце концов и сам станет как они, ибо Сайлор не ограничил свет, но, указав к нему путь, указал и цель такого пути – обретение Лаин и Ариа, а значит, всех существ земли и самого Сайлора.

Когда мираэл хочет сказать другому, что любит его, то он говорит: Vénis íssa estelár, что означает «ты лучше всех своих дней». То есть, в независимости от того, как ты проводил жизнь прежде, ты для меня дороже всякого твоего дня, даже если таковой и прошёл напрасно. Впрочем, так они говорят не мираэлам. К тем же, кто подобно им, достиг высоты, они говорят только Aria, и прибавляют к тому имя любимого человека...

Так живут мираэлы и на острове Лор Рик Алларт, и на кораблях и на путях земли.

Так и Миралайн жила на Лор Рик Алларте до своего путешествия, созерцала великую красоту мира и сострадая всем страдальцам знала, что существует свет.

ПРИЛОЖЕНИЕ
О ЛОРДАХ ЛЕСА НАПИСАННОЕ ЭЛИАСОМ ЛЕТТЕРАНСКИМ СОВМЕСТНО С ЭЛЬВИАВИН И ЭЛЬВИЛИОЛЬ

Сами себя они зовут форостелами, что означает на их языке то же, что и «лорды леса». Язык их, однако, есть некий диалект мирайи, называемый ими «Форостелион».

В прошлом любой из лордов леса — человек из какого-то людского города или народа. Но образ жизни, который ведёт большинство людей, а именно устроение своей доли, для них неприемлемо и отталкивающе. Они уходят в леса, избирая для этого чаще всего Лес Василисков или лес Ивералор возле Зармарской империи.

Там, в лесах, они живут одиноко и пытаются постичь смысл мироздания и законы вселенной. Став лордами, они меняют имя, подбирая себе на мирайе такое прозвище, которое, по их мнению, наиболее всего выражает их душу и цель.

Живут они дольше людского, некоторые лорды доживали и до трёхста лет, при этом практически не старясь. Лорды леса не имеют глубинного опыта постижения мира, такого, как мираэлы, но стремятся к нему. Попытку прикоснуться к таинству сокровенного бытия мира они называют Miristel' – мучительный поиск смысла.

Однако высший смысл каждый из них ищет в одиночку и как умеет. Они мало пользуются в этом чужим опытом и некоторые из них даже считают, что утратят оригинальность, если пойдут по дороге проложенной кем-то другим. Мир, окружающий их, они пытаются постигнуть не через откровение и приобщение, как мираэлы, но через вникновение и созерцание. О том, что они услыхали и поняли, лорды пишут стихи и песни. Особенно ими любимы трёхстишья. Они говорят, что песня сама вырывается из сердца строка за строкой, а в трёхстишье весь мир сжимается в три строки, и эти строки являют суть мира. Впрочем, лорды согласны с мираэлами в том, что суть строки стиха могут явить лишь настолько, насколько ей причастен говорящий. Причастие сути мира они выражают словом Ovandelián.

Часть лордов пытается найти ответы на свои вопросы в силе и мощи, которые они получают, согласившись служить тьме. Тьма даёт им и знания, которые они тогда считают тайными, не зная того, что, коснувшись этих знаний, они становятся слугами врага, хотя и мнят себя до конца свободными. Прочие лорды зовут таковых amiris, что означает «не ищущие», «не знающие» или отказавшиеся от высоты. Эти amiris так же пишут стихи и песни, но они у amiris исполнены яда и сеют злые помыслы в сердцах тех, кто услышит их. Но и они, обычно, не объединяются в группы, живя и творя зло обособленно, и считая всех других презреннее и ниже себя. А себя – творцами, видящими мир таким, каким, как им кажется, он есть на самом деле, чёрным, жестоким и злым. Amiris говорят, что они разуверились в поиске смысла и теперь не ищут, а просто живут, наслаждаясь жизнью. Иногда они объединяются в небольшие группы и могут быть весьма опасны. Себе они часто берут имена маррагов: Ургас, Шаркас, Оргамор, Маргас, Саграмор, Марракаш и так далее.

Лорды леса честны в своём поиске и поэтому ни один из них не сказал ещё, что нашёл...

У них особое отношение к деревьям, как к тем, кто никогда не обидел их. Но вообще у многих лордов леса есть немало тех, кто обидел их в прошлом, пока они ещё жили в людских городах.

Среди лордов есть много мыслителей и поэтов, о которых не знает мир.

Одинокие, не понимаемые почти никем, продолжают они в лесах свой путь отшельников и поэтов, которые отдали бы все свои лютни, стихи и мысли за то, чтобы найти истину. Но, к сожалению, они не знают того, что известно каждому мираэлу – истину ищут только для того, чтобы послужить ей...

ПРИЛОЖЕНИЯ
О СТЕЛАРАХ СОСТАВЛЕННОЕ КНИЖНИКОМ ЭЛИАСОМ ЛЕТТЕРНСКИМ

Для каждого, кому посчастливилось общаться с этим добрым народом, стелар – это, прежде всего, крепкий друг. Именно среди них сложилось древнее присловье «сам погибай, а товарища выручай».

Стелары крепко привязаны к сотворённому миру, они ценят и понимают его, как никто. Конечно, искусные мастера есть и среди всех других народов, но стеларов в этом не превзошёл ни один. Всем своим искусством они готовы делиться, и радовать друзей. При этом они скорее прагматичны, чем романтичны, и уж во всяком случае лучше лордов леса и людей знают, сколько можно выручить на базаре за продаваемую вещь.

Поэтому нередко бывает так, что в дружбе стелар – человек, первый помогает последнему. Особенно, если человек этот поэтичен и больше знает толк в древних легендах и стихах, чем в том, как починить стул или навесить в доме новую дверь. Молчаливый стелар легко сделает всё это своему другу, и будет благодарен ему за рассказы о старых временах.

Впрочем, стелары и сами мастаки слагать песни, хотя это и получается у них хуже чем у людей или лордов леса, и уж конечно, хуже чем у мираэлов. Мудрецы говорят, что вещи, изготовляемые руками стеларов, это и есть их песня, долговечная и по простому мудрая, как и этот отважный и древний народ молчаливых мастеров гор.

РОДОСЛОВИЕ АЛЬВАРЕЛОВ И МИРАЛАЙН

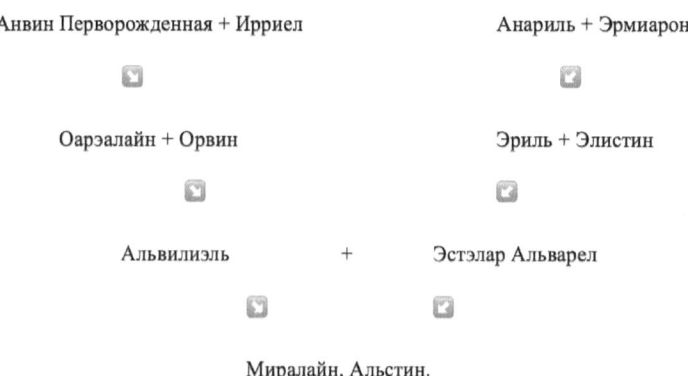

Много славных для мираэлов имён было в роду Миралайн. Сама А́нвин Перворожденная, удостоившаяся беседовать с Арринами лицом к лицу, была прабабушкой Миралайн. Более всего Анвин чтила Ниэлу и от неё удостоилась дара пророчества. Она говорила, что придут многие столетия тьмы, когда Аррины не будут действовать в мире явно. Когда же у Анвин спрашивали, есть ли у мира надежда, она отвечала, что надежда не может прекратиться и покинуть мир пока хоть кто-нибудь надеется. Супругом Анвин был Ирриэл, певец и бард, песни которого согревали и утешали каждого, кто их слышал. Нелегко было добиться ему руки Анвин Перворожденной, которая ещё в юности своей решила не выходить замуж, а служить Арринам. Ирриэл предлагал ей разделить это служение вместе с ним, но Анвин долго отказывалась. Тогда Ирриэл спел свою песнь для Ниэлы, та была тронута и повелела Анвин согласиться на предложение Ирриэла, так прекрасна была песня последнего.

Бабушкой Миралайн с материнской стороны была Оарэала́йн, принцесса и дочь тогдашнего лорда мираэлов, каковым мираэлы выбрали Ирриэла. Имя Оарэалайн означает «подлинная глубина отношений» и от своей матери она получила способность глубоко проникать в тайны мироздания и выражать их в музыке. Любимым её занятием была сокровенная беседа с Арринами, к тому времени уже покинувшими мир. Оарэалайн вместе со своим мужем Орвином погибла во время одной из стычек с зармарским флотом. Но дочь их, Альвилиэ́ль, бывшая в то время на Лор Рик Алларте, осталась. Имя её, Альвилиэль, означает «исполненная надежда», потому что родители её верили, что тьма не вечствует над миром. Они так же верили, что избавление приходит, когда его меньше всего ожидают, и когда большинство уже потеряло надежду. У мираэлов есть присловье, что надежда не постыжает, и это знали родители её. Альвилиэль полюбилась Эстэлару из рода Альварелов, бывшему в то время лордом всех мираэлов. И ей так же полюбился Эстэлар, который брал на себя заботу обо всём, что только дышит, живёт и растёт. Долго жили они вместе не расставаясь даже и на день, потому что сильна была любовь их друг ко другу. Альвилиэль разделила заботу мужа о живущих, и отрадна была теперь Эстэлару любая забота, потому что он чувствовал любовь своей милой жены. Они оба погибли в день захвата Леттерана зармарским войском, и много скорбели мираэлы о них.

У них было двое детей: Миралайн – свидетельница исполненной надежды, и Альстин – кроткая и тихая, но исполненная внутренней отваги и силы. Большую часть жизни Альстин провела на Лор Рик Алларте, где писала картины, в которых вера её в ненапрасность сплеталась с её вникновением в мир и пониманием того, что каждое живое существо на земле безмерно значимо, если только смотреть на него с неба.

Когда Миралайн погибла, Альстин духом провидела это и сказала: «Теперь всё исполнилось света, земля и небо, и от народов земли зависит, примут ли они пришедший к ним свет».

После гибели Миралайн Альстин много путешествовала по миру, говоря всем о том, что случилось, и как надежда исполнилась. Говорят, она и до сих пор ходит ещё по земле, хотя имя её давно уже стало легендой. И кто услышит её – у того просыпается тоска по свету и по дивному небесному городу путь в который открыт для каждого, кто только ищет его…

MIRAJA (ЯЗЫК МИРАЙА)

Алфавит:
Aa – а
Bb – б
Cc - ц
Dd – д
Gg – г
Vv – в
Jj – j (йот)
Ii - и
Kk – к
Ll - л
Mm – м
Nn – н
Oo – о
Pp – п
Rr – р
Ss – с
Tt – т
Zz - з
Ff – ф
Šš – щ
Эe – э
Xx – х
Je – е
Jo – ё
Ju – ю
Ja – я

ВРЕМЕНА ГЛАГОЛОВ И СКЛОНЕНИЯ

В словаре изначально указаны глаголы в инфинитиве.

ПРОШЕДШЕЕ ВРЕМЯ:

! Если глагол оканчивается на гласную – при склонении она исчезает.
Ед. число: Мн. число:
1. – ul – ulles
2. – ule – ulla
3. – ult – ullat
Например, глагол «mario» – ждать
mariul mariulles
mariule mariulla
mariult mariullat
Например, глагол «grad» – воевать
gradul gradulles
gradule gradulla
gradult gradullat

НАСТОЯЩЕЕ ВРЕМЯ:

! Если глагол оканчивается на гласную – при склонении она исчезает.
Ед. число: Мн. число:
1. – e – os

2. – em – om
3. – et – ot
Например, глагол «mario» – ждать
marie marios
mariem mariom
mariet mariot
Например, глагол «grad» – воевать
grade grados
gradem gradom
gradet gradot

БУДУЩЕЕ ВРЕМЯ:

! Если глагол оканчивается на гласную – при склонении она исчезает.
Ед. число: Мн. число:
1. – a – ero
2. – ar – er
3. – art – ert
Например, глагол «mario» – ждать
maria mariero
mariar marier
mariart mariert
Например, глагол «grad» – воевать
grada gradero
gradar grader
gradart gradert

Примечание: Склонение глаголов по временам используется только в изначальной мирайе самих Арринов, в языке же мираэлов склонение по временам почти не используется.

ЦИФРЫ

aj
si
sens
kron
fert
ša
al
arrok
naj
zer

СЛОВАРЬ

Maraja – океан
Agar – огонь
All – я
Al'ta – заря
Allau – прекрасное, дивное в своей красоте.
Assa – твоя
Arv – ты
Arkivassa – доблесть
Anor – врата
Cerra – империя
Dej – день
Grad – битва
Ged – сокол
Vola – волна,
Vjaxli – болото
Venisson – туман, скрывающий будущее
Vikson – волшебная страна
Viasso – родиться, рождение
Jet – мертвая вода
Venis – путь
Venir – трактир
In – в
Javud – дракон
Ivel – вода
Lot – длинна

Letta – время
Let – год
Mifeerija – мистерия
Mar – тьма
Mario – ждать
Memas – идти
Mama – мама
Massa – моя
Naj – знак
Non – нет
Njukta – ночь
Nam – если
Gebbet – фантом, марионетка, призрак
Ran – превозмогать
Selbek – конь
Svod – потолок
Sen – святой
Septima – высшее
Soder – волк
Sulla – существовать, быть
Sej – дай
Sajlor – Создатель
Telos – хотеть
Tari – ехать верхом
Trejtar – война
Tlajli – страдание
Tolk – камень
Torion – брешь, дыра, портал
Tajra – родное гнездо, дом

Aria – Любовь которой любит Создатель и причастные Создателю существа. Это ключевое слово в языке. Одновременно в некоторых случаях обозначает надежду которая никогда не обманет, хотя и совершается, порой, за пределом надежды.

Milla – любовь супругов которые дороги друг другу, но не умеют всех любить одинаково. Любовь без благодати.

Xejzel – блудная страсть. Это слово так же значит «козёл» и «любовник».

Lain – Внутренний свет. Благодать.

Miralain – Свет фонаря сокрытого тёмной тканью.

Zar – физический свет.

Mar – физическая тьма.

Zarmar – общее название вселенной.

Miraja – Речь. Язык общения.

For – лес.

Sul – сущий. Существующий.

Trejtar – война.

Rag – слуга тёмных сил.

Kvialor – Самый дальний берег. В значении блаженной земли.

Lor – земля.

Rik – за.

Allart – предел. Край.

Issa – Над

Sulla – есть

N'jukta – ночь

In – в

Let – год

Dej – день

Kallante – хозяйка

Anastella – владычица. Госпожа

Maria – Прекрасная дама

Vikson – волшебная страна

Estelar – жизнь исполненная высшего смысла

Velan – путь

Venisson – туман скрывающий будущее

Tolk – камень

Arra – мощь

Venis issa estelar – Ты лучше всех своих дней. Этими словами мираэлы говорят, что любят кого-то. «Сколь бы ни была важна твоя жизнь и твои дела и слова – ты сам ещё драгоценнее». И наоборот: «Сколько бы ты не совершил зла, ты всё равно дорог Создателю, а значит ты лучше всех своих ничтожных и однообразных дней».

Ran – боль. Мука

Evalam – промысел Создателя тайно действующий в мире, как солнце сияет сквозь переплетённые ветви леса.

Ealin – благословенная земля

Al'va – что

Est – ещё

Eraja – жить не зная своего предназначения и не служа Создателю

Un – и

Niraja – Красота которую можно познать только сердцем

Foreavin – истина

Ejdan – человек. верный

Linaveo – петь

Arkivassa – доблесть

Ea – молитва

Ejdal' – серебро

Forost – дерево

Al'stin – чайка. Друг. Та (тот) кто не оставит.

Unfar – под

Stel – скала

Farrak – башня

Vajde – принять

Orbur – железо

Neš – тень

Velion – река

Erraen – опытом приобрётший мудрость

Agma – гора

Agmaiavud – драконья гора
Al'karagar – вулкан
Ving – стрела
Daer – лорд. Правитель.
Erriel – Лорд Леса (народ)
Ojsilie – прозрение
Omilie – понимание
Milinteo – вникновение
Orovande – быть понятым
Elli – наш, наше, наши.
Evel'tel'ma – небо, духовный мир
Varde – да будет
Ossiven – имя
Evergen – твой, твоя, твоё
Irsella – воля
Herhe – уничтожать свою дорогу. Делать зло
Omirie – простить
Everas – вести
Irion – испытание
Ten – от
Sajvelan – верный путь
Ajre – приветствие
Annivine – защити. Спаси.
Ken – к
Vijern – чудовище
Karge ooris – гибельная безвыходность
Vaaron – да не будет!
Lain varde everas – да придет свет
Nešialor – тенистая земля
Siriadon – блистающий
Oarene – находится на предельной глубине отношений, быть верным.
Al'vilien – исполненная надежда

MIRAJA FOROSTELION
(Мирайа. Диалект лордов Леса. Форостэлион)

Tel – лорд
Forostel – лорд леса (народ лордов леса)
Oarene – петь
Miristel ' – мучительный поиск истины и смысла
Amiris – Незнающий. Неищущий.
Ovandelian – Причастие сути мира

КАРТА ТЁМНОГО ПУТИ

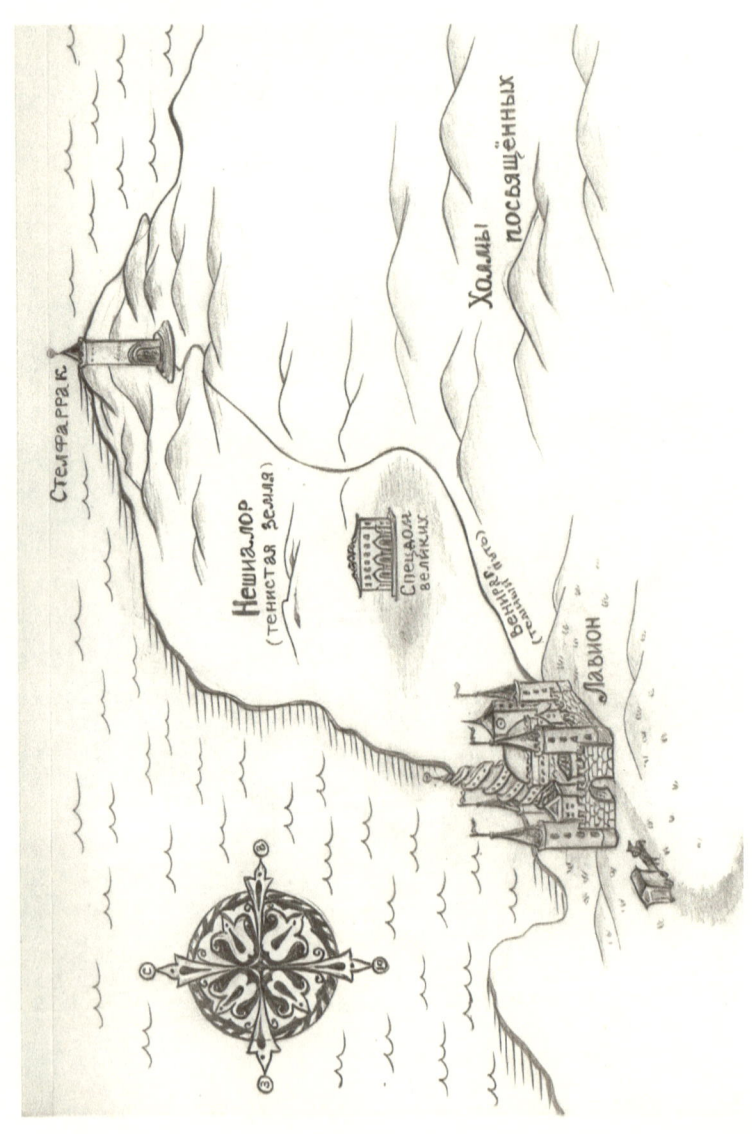

КАРТА МИРА

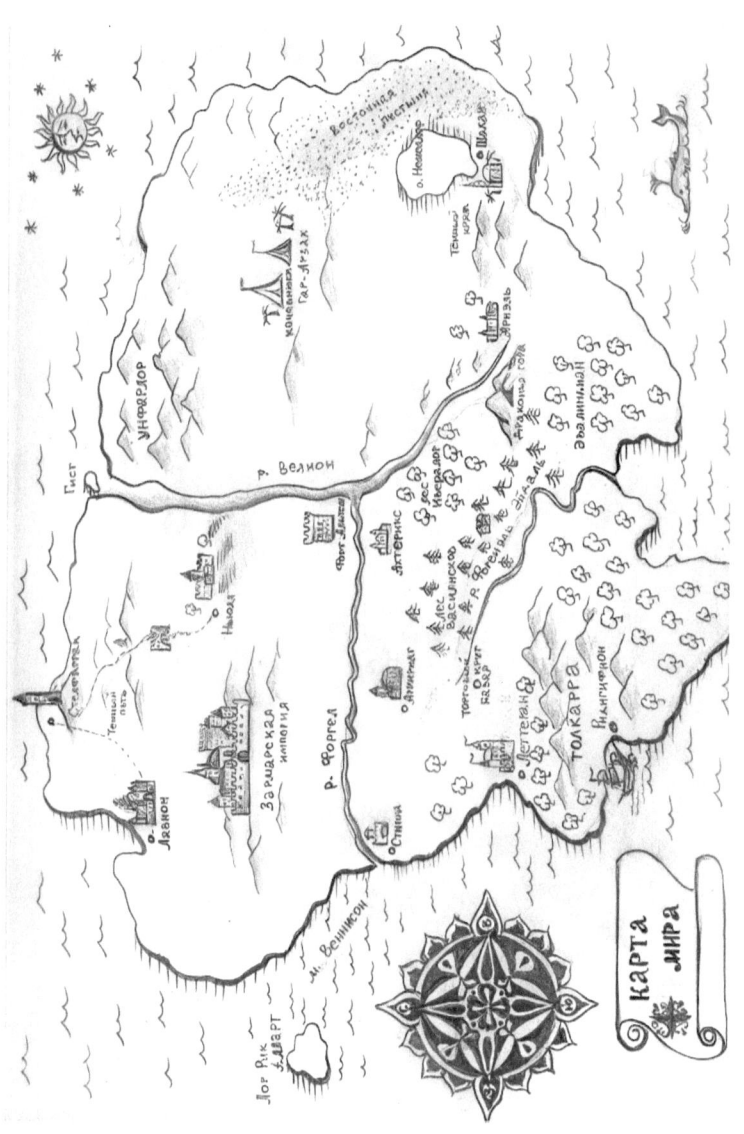

www.orthodoxlogos.com

www.ingramcontent.com/pod-product-compliance
Lightning Source LLC
Chambersburg PA
CBHW020530080526
44583CB00013B/802